Entwicklungsgespräche in der Kita

Bernd Groot-Wilken

Entwicklungsgespräche in der Kita

HERDER

FREIBURG · BASEL · WIEN

Überarbeitete Neuausgabe 2017

www.herder.de

Umschlaggestaltung und -konzeption:
Schwarzwaldmädel, Simonswald

Umschlagfoto: Harald Neumann, Freiburg

Satz & Gestaltung: Claudia Wild, Konstanz
Herstellung: PNB Print Ltd

Printed in Latvia

ISBN Print 978-3-451-32828-2
ISBN E-Book(PDF) 978-3-451-80507-3

Inhalt

Modul 2: Vorbereitung und Planung
Entwicklung des Konzeptbausteins Entwicklungsgespräche

Modul 3: Durchführung und Reflexion
Methodische Schritte zur Erarbeitung des Konzeptbausteins

Benutzerhinweise

für den »Leitfaden für pädagogisches Handeln«

Der Leitfaden ist ein Verfahren zur Erarbeitung eines Konzeptbausteins zum Themenbereich der Entwicklungsgespräche. Er ist so konzipiert, dass er in jeder Tageseinrichtung umsetzbar ist. Der Leitfaden berücksichtigt, dass Einrichtungen unterschiedliche Ressourcen und Orientierungen haben. Aus dem Grund war es wichtig, mit dem Leitfaden kein fertiges Konzept vorzulegen, sondern eine Anleitung für Teams, ein eigenes Konzept mit den zur Verfügung stehenden Ressourcen zu entwickeln, und zwar methodisch, systematisch und zielgerichtet.

Adressaten dieses Leitfadens sind pädagogische Fachkräfte, Leitungen und Fachberatung, die den Prozess der Entwicklung als Moderatoren begleiten oder an ihm im Team teilnehmen. Die methodischen Hinweise im Praxisteil des Buches sind als Unterstützung für die Moderation im Entwicklungsprozess gedacht.

Das Thema »Entwicklungsgespräche in Kindergarten und Kita« ist in drei Module aufgeteilt.

Modul 1 Grundlagen und Vorüberlegungen

Modul 2 Vorbereitung und Planung

Modul 3 Durchführung und Reflexion

Innerhalb der Module finden Sie immer wiederkehrende Symbole, die zur schnellen Orientierung dienen:

- ? Leitfragen zum Thema
- *m* Methoden
- Beobachtung und Dokumentation
- Auswertung und Reflexion

Planung von Ressourcen

Ein Team, das sich einem Thema intensiv zuwendet, muss dafür Ressourcen bereitstellen. Aus diesem Grunde sollten sich Einrichtungen gemeinsam mit Trägervertretern im Vorfeld austauschen, auf welche Ressourcen die Einrichtung im Entwicklungsprozess zurückgreifen kann. Es ist ratsam, von Beginn an transparent zu machen, was der Entwicklungsprozess »kostet«.

Für die Erarbeitung des Konzeptbausteins »Entwicklungsgespräche« werden Ressourcen in dreierlei Hinsicht benötigt: Zunächst einmal benötigt man die **personelle Ressource »pädagogische Fachkraft«**. Für die Umsetzung des vorliegenden Konzeptes ist die Mitarbeit des gesamten Teams über einen längeren Zeitraum notwendig. Eventuell ergeben sich auch Bedarfe an zusätzlichen Fachkräften, da Teamsitzungen nicht immer außerhalb der Betreuungszeit geplant werden können oder Teams sich dazu entschließen, »Projekttage« innerhalb des Entwicklungsprozesses einzurichten.

Dieses Konzept ist auch nicht innerhalb weniger Teamsitzungen umsetzbar. Verbunden mit der theoretischen Entwicklung ist jeweils die Erprobung in der Praxis, die eine Rückbindung an alltagsrelevante Aspekte gewährleistet. Die **Ressource Zeit** ist eine bedeutsame Größe, denn dieses Konzept verlangt eine kontinuierliche Auseinandersetzung mit dem Thema. Das heißt, dass pädagogische Fachkräfte zwischen vier und sechs Stunden im Monat für dieses Projekt aufbringen müssen – und das über einen Zeitraum von circa einem Jahr.

In jedem Fall müssen Teams gemeinsam mit dem Träger über die zur Verfügung stehenden **finanziellen Ressourcen** reden und den Rahmen vor Beginn der Entwicklungsarbeit vereinbaren. Ein solcher Entwicklungsprozess verursacht Kosten. Es werden Moderations- und Präsentationsmaterialien benötigt, eventuell müssen neue Materialien für die Kinder angeschafft werden. Es ist auch durchaus möglich, dass dieser Prozess weitere Entwicklungsbedarfe bei den pädagogischen Fachkräften aufdeckt, sodass Fortbildungsmaßnahmen notwendig werden. Ein Beispiel dafür wäre, dass ein Team im Rahmen dieses Prozesses feststellt, dass es niemanden gibt, der sich ausreichend sicher in Gesprächsführung fühlt. In einem solchen Fall bräuchte das Gesamtteam eine Fortbildung in Gesprächsführung. Durch solche Begleitprozesse können im Verlauf der Entwicklung weitere Kosten auf den Träger zukommen.

Der Entwicklungsprozess

Der Entwicklungsprozess gliedert sich in drei Phasen: Orientierungsphase, Entwicklungsphase und Reflexionsphase. Diese Phasen werden im weiteren Verlauf des Buches genau beschrieben.

Aus der folgenden Grafik lassen sich die zeitliche Abfolge und Terminierung des Projektes ersehen.

Zeitliche Abfolge und Phasen des Projekts

<table>
<tr><th rowspan="2">Phasen</th><th colspan="12">Dauer (Angabe in Monaten)</th></tr>
<tr><th>01</th><th>02</th><th>03</th><th>04</th><th>05</th><th>06</th><th>07</th><th>08</th><th>09</th><th>10</th><th>11</th><th>12</th></tr>
<tr><td>Orientierungsphase</td><td colspan="3">→</td><td></td><td></td><td></td><td></td><td></td><td></td><td></td><td></td><td></td></tr>
<tr><td>Entwicklungsphase</td><td></td><td></td><td></td><td colspan="6">→</td><td></td><td></td><td></td></tr>
<tr><td>Reflexionsphase</td><td></td><td></td><td></td><td></td><td></td><td></td><td></td><td></td><td></td><td colspan="3">→</td></tr>
</table>

Zum Abschluss dieser Einführung sollen noch einige wichtige Verfahrenshinweise gegeben werden:

Zur Vorbereitung auf das Projekt

1. Bevor eine Einrichtung sich für dieses Projekt entscheidet, sollte es im Team vorgestellt werden. Alle pädagogischen Fachkräfte müssen im Vorfeld wissen, welche Aufgaben auf sie und das Team zukommen und was mit diesem Projekt erreicht werden soll.
2. Wenn sich ein Team für dieses Projekt entscheidet, muss als erstes geklärt werden, wer die Aufgabe der Moderation übernimmt. Es empfiehlt sich, dass die Leitung diese Aufgabe übernimmt, da Vorbereitungs- und Auswertungszeiten benötigt werden.
3. Nach der Festlegung der Moderatorin bzw. des Moderators verabredet jedes Team »Spielregeln«, nach denen gearbeitet wird. Zusätzlich werden Kompetenzen festgelegt, die der Moderatorin/dem Moderator übertragen werden, damit sie/er handlungsfähig ist und im Prozess bleibt.

Im Prozess

4. Die erste Aufgabe der Moderatorin/des Moderators besteht darin, dem Team die theoretischen Grundlagen und das Verfahren, das in diesem Buch beschrieben ist, vorzustellen.
5. Nach dieser Vorstellung kann das Team mit dem 1. Schritt beginnen.
6. Die Moderatorin/der Moderator kann einzelne Teilaufgaben an Kolleginnen und Kollegen delegieren. Dabei sollte bei immer auf Freiwilligkeit geachtet werden, um einzelne Teammitglieder nicht in eine unangenehme Situation zu bringen.
7. Einige Kolleginnen und Kollegen werden sich sehr aktiv am Geschehen beteiligen, andere werden sich eher passiv verhalten. Die Moderatorin/der Moderator sollte eine möglichst ausgewogene Beteiligung anstreben. Verschiedene Methoden ermöglichen auch stilleren Kolleginnen und Kollegen, ihren Beitrag zu leisten.
8. Teams sollten zu Beginn den Eltern das Vorhaben auf einem Elternabend vorstellen und mit ihnen darüber diskutieren.

Zur Dokumentation

9. Zu jedem Schritt des Entwicklungsprozesses wird ein Ergebnisprotokoll angefertigt. Dazu wird eine Person im Vorfeld ausgewählt.
10. Sämtliche Protokolle werden in einem Projektordner abgeheftet und dienen der Prozessdokumentation. Darüber hinaus bekommen alle pädagogischen Fachkräfte möglichst umgehend eine Kopie des Protokolls für die eigene Dokumentation zugeleitet.
11. In einigen Schritten entstehen zusätzliche Produkte. Diese werden ebenfalls in dem Projektordner archiviert.
12. Es bietet sich an, den Prozess mit Bild- und Tondokumenten zu begleiten. Arbeitsschritte des Teams können fotografiert oder fachliche Gespräche mitgeschnitten werden.
13. Darüber hinaus sollte sich jede pädagogische Fachkraft eine persönliche Dokumentation anlegen. Diese Dokumentation ist privat und nicht für andere zugänglich.
14. Die Moderatorin/der Moderator führt ebenfalls ein Protokoll über die Vorbereitungsaufgaben und gibt zu jedem Arbeitsschritt eine Einschätzung über das erreichte Ergebnis ab. Diese Aufzeichnungen sind ebenfalls privat. Sie können allerdings als Unterstützung für Gespräche mit Kolleginnen und Kollegen oder auch in Reflexionsrunden sehr hilfreich sein.
15. Alle Beteiligten führen Buch darüber, wann sie wie lange mit welchem Thema im Entwicklungsprozess beschäftigt waren. Es ist ausreichend, dies in einer Tabelle mit den Rubriken

Datum	Dauer	Thema

kurz zu notieren.

Benutzerhinweise

Zum Abschluss

16. Am Ende jeder Bearbeitungsphase sollten die Teams auf jeden Fall eine Reflexion beginnen und dabei über positive sowie negative Erfahrungen sprechen, alle Erfahrungen analysieren und dokumentieren.

17. Am Ende des Prozesses werden die Arbeitsergebnisse den Eltern und dem Träger vorgestellt.

Einleitung

In den meisten Tageseinrichtungen ist die Zusammenarbeit mit den Familien ein wichtiger Bestandteil des pädagogischen Konzeptes. Es besteht eine einheitliche Auffassung darüber, dass die Einbindung der Eltern und der Austausch mit den Eltern für den Bildungs- und Erziehungsprozess des Kindes von großer Bedeutung sind. Die Konzepte der Umsetzung sind allerdings vielfältig und reichen von Tür-und-Angel-Gesprächen, Elternabenden, gemeinsamen Arbeitseinsätzen und Ausflügen oder Informationsveranstaltungen bis hin zu einer gemeinwesenorientierten Öffnung der Einrichtung für Familien.

Diese enge Zusammenarbeit mit den Familien ist im Sinne einer Erziehungspartnerschaft wünschenswert und wichtig, denn Erziehungspartnerschaft bedeutet nicht Einseitigkeit, sondern gemeinsame Gestaltung von Bildungs-und Erziehungsprozessen und gegenseitige Unterstützung. Diese Partnerschaft ist nicht a priori gegeben, sie muss entwickelt werden. Jede Familie hat unterschiedliche Ziel- und Wertvorstellungen, jedes Kind weist individuelle Unterschiede zu anderen Kindern auf, jede Tageseinrichtung setzt andere Schwerpunkte und hat unterschiedliche Konzepte zur Umsetzung. Diese Unterschiede müssen erkannt und transparent gemacht werden, denn sie bilden den Ausgangspunkt für gemeinsame Bestrebungen. Wenn es gelingt, eine Basis zu schaffen, die auf gegenseitigem Verständnis beruht, wird es möglich, gemeinsame Vorstellungen und Ziele zu entwickeln. Je klarer und einleuchtender diese den Eltern erscheinen, je mehr sie ihre Interessen darin widergespiegelt sehen und sich in ihren Bestrebungen unterstützt fühlen, desto eher ist eine effektive und effiziente Kooperation zum Wohl des Kindes möglich. Für das Kind bedeutet diese Kooperation eine Kontinuität, die Sicherheit und Stetigkeit gibt und im Sinne eines kontinuierlichen Entwicklungs- und Bildungswegs stabilisierend wirken kann.

Will man das Kind mit seinen individuellen Bedürfnissen und Fähigkeiten berücksichtigen und fördern, kann es nicht von der Familie und vom Familiengeschehen isoliert betrachtet werden. Für die Entwicklung und das Wohlbefinden des Kindes ist das Zusammenspiel aller Interaktions- und Erziehungspartner wichtig. In diesem Buch wird deshalb der traditionelle Begriff »Elternarbeit« durch »Erziehungspartnerschaft« ersetzt.

Wie ist nun eine solche Zusammenarbeit, eine Erziehungspartnerschaft im wünschenswerten Sinne, zu erreichen? Wie gelangt man zu einem fruchtbaren Austausch, zu einer gemeinsamen Basis? Den wichtigen Angelpunkt bilden hier die regelmäßig geführten und strukturierten Entwicklungsgespräche.

Dieser Leitfaden soll pädagogische Fachkräfte und Teams darin unterstützen, Entwicklungsgespräche auf der Grundlage einer systematischen und kontinuierlichen Beobachtung und Dokumentation zu konzipieren. Teams können mithilfe dieser Arbeitsmaterialen in einen selbstbestimmten und -gesteuerten fachlichen Prozess eintreten, an dessen Ende der Konzeptbaustein »Entwicklungsgespräche« steht, welcher die Bedürfnisse, Interessen, Wünsche sowie Fähigkeiten und Fertigkeiten aller Kinder in den Fokus stellt.

Der in diesem Leitfaden entwickelte Konzeptbaustein ist kompatibel mit dem Modul »Dokumentation – Arbeit mit Portfolios« aus dem Buch »Bildungsprozesse in Kindergarten und Kita« (Groot-Wilken 2007b), in dem für die drei Basiskompetenzen »Beobachten, Dokumentieren und pädagogische Planung« ein dynamisches Handlungskonzept entwickelt wurde. Entwicklungsgespräche sind in einem solchen Konzept eine wichtige Schnittstelle zwischen der Einrichtung und den Familien, bieten sie doch allen Beteiligten die Möglichkeit, sich fundiert über das Kind als ganzheitliche Person auszutauschen und ein individuelles Angebot für eine optimale Bildung und Erziehung zu ermöglichen.

Das Entwicklungsgespräch in den Bildungsvereinbarungen der Länder

Mittlerweile liegt der erste PISA-Durchgang mehr als 15 Jahre zurück, der auch eine neue Debatte in der Kleinkindpädagogik angeregt und die Sicht auf die Kleinkindpädagogik deutlich verändert hat. Aktuelle Forschungsergebnisse und allgemein anerkannte Erkenntnisse über die Entwicklung des Kindes zeigen, dass dem frühkindlichen Bildungsprozess eine besondere Bedeutung zukommt. Sie geben außerdem Hinweise darauf, wie sich auf dieser Grundlage Bildungsarbeit gestalten lässt.

Die Länder reagierten zügig auf den sogenannten »PISA-Schock« und entwickelten zur Konkretisierung des Bildungsauftrages in Tageseinrichtungen für Kinder Bildungsvereinbarungen, die in den letzten Jahren immer wieder überarbeitet und aktualisiert wurden. In ihnen sind, je nach Bundesland unterschiedlich detailliert und gewichtet, Bildungsprozesse und -bereiche sowie Lernfelder und methodische Zugänge beschrieben. Allen Bildungsvereinbarungen ist gemeinsam, dass sie Bildung und Erziehung als eine Einheit verstehen, die sich auf einen kontinuierlichen Prozess im sozialen Kontext bezieht. Der Schwerpunkt in den Bildungsplänen liegt auf den Bildungsbereichen

- Sprache und Kommunikation,
- soziale und emotionale Entwicklung,
- Bewegung und Gesundheit,
- naturwissenschaftliches Wissen,
- musische Bildung und Förderung von Kreativität,
- Kultur- und Umgebungswissen

sowie den Kompetenzen, die Kinder erwerben sollen.

Alle Bildungspläne gehen außerdem der Frage nach, in welchem Rahmen, unter welchen Bedingungen Bildungsarbeit effektiv und individuell geleistet werden kann. Je nach Gewichtung der theoretischen Grundannahmen gibt es dort Unterschiede in den Akzentuierungen. Ein Bildungsplan, der die Selbstbildungsprozesse des Kindes in den Fokus stellt (z.B. NRW) setzt andere Schwerpunkte als einer, der sich das Kind im sozialen Kontext vorstellt (Bayern) oder Kinder in ihren Lebenssituationen betrachtet (Berlin).

In den meisten Bildungsvereinbarungen ist die Zusammenarbeit mit Eltern als ein wichtiger Bereich der Kleinkindpädagogik beschrieben. In einigen Bildungsvereinbarungen wird deutlich von Bildungs- und Erziehungspartnerschaften gesprochen, die pädagogische Fachkräfte und Eltern anstreben sollten. In diesem Kontext werden auch die Entwicklungsgespräche unterschiedlich stark thematisiert. In der folgenden Tabelle sind die Aussagen aus den Bildungsvereinbarungen zu Entwicklungsgesprächen zusammengestellt. Die Tabelle ist nach folgenden Gesichtspunkten aufgebaut:

- **Kontext:** Aussagen über die Gewichtung von Entwicklungsgesprächen, besonders im Hinblick auf Erziehungs- und Bildungspartnerschaft
- **Inhalt:** Aussagen über Themen im Entwicklungsgespräch

Land	Kontext	Inhalte
Baden-Württemberg	Erziehungs- und Bildungspartnerschaft im Interesse einer kontinuierlichen Bildungsbiografie. Elterngespräche sind wichtige Voraussetzungen für einen gelingenden Entwicklungsprozess.	Strukturiertes Elterngespräch über Entwicklungsschritte, Stärken, Interessen des Kindes; Austausch von Erfahrungen und Verständigung über individuelle Ziele und Herangehensweisen.
Bayern	Regelmäßige Gespräche über die Entwicklung und das Verhalten des Kindes sind Kernpunkt der Erziehungs- und Bildungspartnerschaft.	Austausch über Erziehungsziele und -stile möglich; Erziehungsvorstellungen können miteinander abgestimmt werden.
Berlin	Entwicklungsgespräche sind notwendiger Teil des Diskurses über Erziehung, Bildung und Betreuung der Kinder.	Austausch über Beobachtungen, Klärung von Fragen, Verständigung über Erziehungsvorstellungen. Die Erzieher/innen berichten anhand von Bildungsbiografien über ihre systematischen Beobachtungen. Die Gespräche werden – mit Unterstützung der Kolleg(en)/innen – vorbereitet.
Brandenburg		Beobachtungen in den einzelnen Bildungsbereichen werden dokumentiert und für die Zusammenarbeit mit den Eltern genutzt.
Bremen	Eine Erziehungspartnerschaft ist anzustreben.	Gespräch über den Entwicklungsverlauf des Kindes, Informationsaustausch über Vorerfahrungen der Kinder, gegenwärtige Lebenssituation, besondere Interessen und Vorlieben.
Hamburg	Eltern und pädagogische Fachkräfte tragen eine gemeinsame Verantwortung für die Erziehung und Bildung des Kindes. Angestrebt wird eine Kooperation.	Austausch über den Entwicklungsstand des Kindes, seine besonderen Interessen und Fähigkeiten sowie geplante Maßnahmen zu seiner Förderung. Eltern bringen Beobachtungen und Deutungen aus dem Alltag der Familie ein. Die pädagogischen Fachkräfte berichten anhand von Bildungs- und Entwicklungsdokumentationen über ihre systematischen Beobachtungen.

Land	Kontext	Inhalte
Hessen	Anzustreben ist eine Erziehungs- und Bildungspartnerschaft. Zu den Maßnahmen gehören unter anderem Elterngespräche über die Entwicklung und das Verhalten des Kindes.	Abstimmung von Erziehungszielen und -stilen; die Gespräche sollen gut vor- und nachbereitet sowie vertraulich sein.
Mecklenburg-Vorpommern	Im Gesetz ist der Aufbau und die Pflege einer Bildungs- und Erziehungspartnerschaft festgeschrieben.	Entwicklungsgespräche finden statt, und es werden Ergebnisse der Förderung beschlossen. Im Jahr des Eintritts in die Schule sind die Eltern zu unterrichten.
Niedersachsen	Zum Wohl des Kindes sind die Tageseinrichtungen zu einer guten Erziehungspartnerschaft verpflichtet.	Gespräche zur Entwicklungsförderung des Kindes lassen sich auf der Grundlage regelmäßiger Beobachtungen fundiert führen.
Nordrhein-Westfalen	Eine Erziehungspartnerschaft wird angestrebt. Sie soll elterliche Erziehungskompetenz stärken und stützen. Fragen der Erziehung und Bildung werden mit den Eltern abgestimmt.	
Rheinland-Pfalz	Erziehungs- und Bildungspartnerschaft beschreibt einen gemeinsamen Auftrag mit dem Ziel, Methoden und Lösungsansätze zu entwickeln, die den persönlichen Entwicklungsprozess des Kindes aufzeigen und festschreiben. Elterngespräche sind wichtige Faktoren für eine erfolgreiche Erziehungs- und Bildungspartnerschaft.	Gespräche über Entwicklungsstand, Verhalten des Kindes, Unterstützung in Erziehungsfragen. Bildungsdokumentationen sind eine gute Grundlage für das Elterngespräch.
Saarland	Pädagogische Fachkräfte und Eltern können ihr Handeln aufeinander abstimmen, um dem Kind die beste Unterstützung für seine Entwicklung zu geben.	Eltern berichten aus dem Alltag der Familie. Die Erzieher/innen berichten anhand von Bildungsbiografien über ihre systematischen Beobachtungen. Die Gespräche werden – mit Unterstützung der Kolleg(en)/innen – vorbereitet.

Land	Kontext	Inhalte
Sachsen	Erreichbare Ziele der Zusammenarbeit sollen von Eltern und pädagogischen Fachkräften gemeinsam festgelegt werden.	Austausch von gemeinsamen Erfahrungen, Verständigung über die Entwicklungspotenziale des Kindes, um gemeinsame Unterstützungsmöglichkeiten für seinen individuellen Bildungsplan zu finden. Beobachtungen und Dokumentationen geben Anlässe zum Gespräch.
Sachsen-Anhalt	Erziehungspartnerschaft geht davon aus, dass der Entwicklungsprozess gleichberechtigt begleitet wird.	Gespräche über die Entwicklung des Kindes und Verständigung über unterschiedliche Wahrnehmung.
Schleswig-Holstein	Pädagogische Fachkräfte sollen für die Eltern kompetente Gesprächspartner für Fragen von Erziehung und Bildung sein.	
Thüringen	In einer Erziehungspartnerschaft sind Eltern und Institutionen kindlicher Bildung gleichberechtigt. Beide versuchen, ihre Bildungs- und Erziehungsstile, -methoden und -bemühungen aufeinander abzustimmen, den Bildungs- und Erziehungsprozess gemeinsam zu gestalten, sich wechselseitig zu ergänzen und zu unterstützen.	Im Austausch zwischen pädagogischen Fachkräften und Eltern ist das Kind, seine Interessen, Ressourcen, Kompetenzen, Fortschritte und Entwicklungsmöglichkeiten, der gemeinsame Bezugspunkt.

Fazit

- Die Zusammenarbeit mit Eltern wird in fast allen Bildungsplänen thematisiert, und eine Erziehungspartnerschaft soll angestrebt werden.
- Der Austausch mit den Eltern über die Entwicklung des Kindes wird als ein Bestandteil von Erziehungspartnerschaft angesehen.
- Die Inhalte von Entwicklungsgesprächen umfassen im Wesentlichen die Bereiche Bildung und Erziehung. Zum ersten gehören die Förderung des Kindes in den zentralen Bildungsbereichen und die Begleitung der Entwicklung des Kindes. Zum zweiten zählen die Abstimmung von Erziehungszielen und die Stärkung der Erziehungskompetenz der Familien.
- Erziehungspartnerschaften und Elterngespräche für Familien in herausfordernden Lebenslagen, zum Beispiel für Familien mit Zuwanderungsgeschichte oder mit Kindern, die besondere Förderbedarfe haben, sollten angeboten werden.
- Entwicklungsgespräche sollen regelmäßig stattfinden.
- Die Gestaltung von Übergängen mit der Familie wird in allen Bildungsplänen thematisiert. In einigen Bildungsplänen wird hier die Bedeutung zusätzlicher Entwicklungsgespräche erwähnt.

In nahezu allen Bundesländern ist die Dokumentation von Bildungsverläufen obligatorisch. Sie wird von den pädagogischen Fachkraften ausgewertet und genutzt, um Maßnahmen zur individuellen Förderung des Kindes einzuleiten. In Entwicklungsgesprächen geht es unter anderem darum, diese Fragen und Maßnahmen der Bildung und Erziehung gemeinsam mit den Eltern zu erläutern und zu vereinbaren. Ein gut ausgearbeitetes Beobachtungs- und Dokumentationskonzept bietet demnach auch eine gute Grundlage für Entwicklungsgespräche. Hierzu eignet sich insbesondere das Konzept des Portfolios (vgl. z. B. Krok & Lindewald 2007; Hüskes & Leenen 2013; Groot-Wilken 2008; Fthenakis u. a. 2008). Die Anzahl der Publikationen und unterstützenden Materialien zum Thema Portfolio ist in den letzten Jahren stark angestiegen, sodass für die spezifischen Bedarfe in den Einrichtungen immer etwas zu finden sein wird (mehr zur Dokumentation mit dem Portfolio siehe Kapitel 1.2.7). In einigen Bildungsplänen finden sich Erkundungs- bzw. Analysefragen zu den Bildungsbereichen. Besonders der Berliner Bildungsplan sei hier erwähnt. Er gibt viele praktische Anregungen und enthält konkrete Fragen, die in Entwicklungsgesprächen thematisiert und bearbeitet werden können.

Alle Bildungspläne der Bundesländer sind über den Bildungsserver im Internet abrufbar: www.bildungsserver.de/zum-bildungsauftrag-in-kindertagesbetreuung-2023.html.

Modul 1

Grundlagen und Vorüberlegungen

Das Entwicklungsgespräch in der pädagogischen Arbeit

1.1 Erziehungspartnerschaften und Entwicklungsgespräche

Die Zusammenarbeit mit Familien ist seit jeher klassischer Bestandteil der Kleinkindpädagogik. In fast allen Kindertageseinrichtungen werden die Eltern in die Arbeit einbezogen und partizipieren so am Alltag der Kinder. Der Grad der Einbeziehung ist allerdings sehr unterschiedlich. Die Mitarbeit reicht von Tür-und-Angel-Gesprächen über gemeinsame Nachtmittagsveranstaltungen, Feste und Feiern bis hin zu Elternabenden und Entwicklungsgesprächen. Auch die Formen der Information sind sehr unterschiedlich. Dazu zählen zum Beispiel das Schwarze Brett, Informationsbriefe oder gemeinsame Gespräche. Klassische Instrumente der Mitbestimmung in Tageseinrichtungen für Kinder sind der Eltern- und Kita-Rat, der die Interessen der Familien vertritt. Allerdings sind die Aufgaben und Themen dieser Gremien eher allgemeiner Art und beziehen sich nicht auf einzelne Kinder bzw. Familien. Unter anderem aus diesem Grund sind weitere Formen der Mitgestaltung und -bestimmung von Familien notwendig.

Von verschiedenen Autorinnen und Autoren wurde die Notwendigkeit einer intensiven Zusammenarbeit von Familien und Kindertageseinrichtung bereits früh erkannt. Im Rahmen ihrer Publikationen prägten sie den Begriff der Erziehungspartnerschaft (vgl z. B. Textor 1996; Viernickel 2009; Bayerisches Staatsministerium für Arbeit und Sozialordnung, Familie und Frauen & Staatsinstitut für Frühpädagogik München 2012).

1.1.1 Was ist unter einer Erziehungspartnerschaft zu verstehen?

Die Zusammenarbeit von Tageseinrichtungen für Kinder mit Familien ist bei der Gestaltung des Bildungs- und Erziehungsprozesses unumgänglich. Pädagogische Fachkräfte sind verpflichtet, Eltern an den Entscheidungen über wesentliche Angelegenheiten der Einrichtung zu beteiligen.

Es ist wünschenswert, die gemeinsame Kooperation in eine Erziehungspartnerschaft münden zu lassen, in der

- sich alle Beteiligten über die Belange der Kinder, der Familien und der Tageseinrichtung austauschen und kooperieren,
- die Bedeutsamkeit der beiden Lebenswelten (Familie und Tageseinrichtung) anerkannt wird,
- die Verantwortung für die Förderung des Kindes von Familien und Tageseinrichtungen wahrgenommen wird und
- die Beteiligten partnerschaftlich handeln, um eine ideale Lernumgebung zu schaffen und eine individuelle Förderung zu ermöglichen.

Im Sinne einer derart gestalteten Partnerschaft übernehmen Tageseinrichtungen und Familien gleichermaßen Verantwortung für die Bildung und Erziehung des Kindes.

Familien bringen ihre Vorstellungen in die Einrichtung ein und partizipieren sowohl an Entscheidungsprozessen als auch an Gestaltungsprozessen. Dies setzt aber eine reflexive Grundhaltung der pädagogischen Fachkräfte voraus, die die Bedeutung des gemeinsamen Handelns zum Wohl der Kinder erkannt haben. Die Schwierigkeit einer derartigen Kooperation liegt unter anderem auch in der Akzeptanz unterschiedlicher Wertvorstellungen, an unterschiedlichen kulturellen und religiösen Vorstellungen und Lebensentwürfen. Aber gerade diese Unterschiedlichkeiten verdeutlichen die Notwendigkeit einer Erziehungspartnerschaft, da der Austausch über die jeweiligen Bildungs- und Erziehungsvorstellungen eine Annährung und somit auch Akzeptanz gegenüber den Kindern und Familien, aber auch gegenüber der Einrichtung ermöglicht.

Erziehungspartnerschaften haben auch eine formale Seite. Über den gemeinsamen Erziehungs- und Bildungsprozess können Einrichtungen mit Familien einen Bildungs- und Erziehungsvertrag schließen. In diesem sind dann die Grundlagen der Zusammenarbeit sowie strukturelle Eckdaten (z. B. Aufnahmegespräch, Entwicklungsgespräche, Anerkennung der Konzeption) festgehalten.

1.1.2 Ziele und Aufgaben von Erziehungspartnerschaften

Im Folgenden werden die zentralen Ziele und Aufgaben im Rahmen von Erziehungspartnerschaften benannt. Dabei ist für alle ein Aspekt von zentraler Bedeutung: Für die Zielerreichung ist niemals nur die Einrichtung bzw. sind niemals nur die Familien verantwortlich. Die Erreichung der Ziele findet immer in einem gemeinsamen Prozess statt.

Partizipation im Bildungs- und Erziehungsprozess

Familien

- sind an den pädagogischen Prozessen der Einrichtung beteiligt,
- entscheiden in wichtigen Fragen mit,
- übernehmen Aufgaben in der Einrichtung,
- arbeiten an der Konzeption der Einrichtung mit,
- hospitieren in den Gruppen,
- arbeiten zum Wohl des Kindes mit den pädagogischen Fachkräften zusammen,
- übernehmen kleinere Gruppen zu bestimmten Themen (z. B. Tanzen, Musik, Experimente, Erzählen),
- bereiten Feste gemeinsam mit den pädagogischen Fachkräften vor.

Gemeinsame Gestaltung von Übergängen (Transitionen)

Familien und pädagogische Fachkräfte

- führen gemeinsame Gespräche bei der Aufnahme von neuen Kindern,
- führen gemeinsame Gespräche beim Übergang in die Grundschule,
- gestalten die Übergänge gemeinsam,
- begleiten die Kinder vertrauensvoll in die neuen sozialen Systeme (Tageseinrichtung und Grundschule) und
- führen Kinder an die neuen sozialen Systeme heran und führen sie ein.

Informationsaustausch und Entwicklungsgespräche

Familien und pädagogische Fachkräfte

- führen regelmäßige Entwicklungsgespräche,
- führen regelmäßige Gespräche mit den Kindern über die Einrichtung,
- tauschen sich regelmäßig über ihre Zufriedenheit mit der pädagogischen Arbeit aus,
- tauschen sich regelmäßig über die Zusammenarbeit aus,
- informieren sich über Veränderungen,
- tauschen sich regelmäßig über ihre Wünsche und Bedürfnisse aus,
- planen gemeinsam,
- nutzen gemeinsam verschiedene Möglichkeiten des Austausches (z. B. Familienbrunch, Stammtisch, Großelternnachmittage, Elternabende) und
- bieten gemeinsame Informationsveranstaltungen zu unterschiedlichen Themen durch Referentinnen bzw. Referenten an.

Stärkung der Erziehungskompetenz

Pädagogische Fachkräfte

- erkennen die unterschiedlichen Lebensentwürfe der Familien an,
- unterstützen Familien im familiären Bildungs- und Erziehungsprozess,
- beraten Familien in schwierigen Lebenslagen,
- vermitteln gegebenenfalls professionelle Unterstützung durch Beratungs- und Therapiestellen,
- tragen zur Elternbildung durch interne und externe Veranstaltungen bei und
- stärken die Beziehung zwischen den Familien und der Einrichtung durch Transparenz und eine angemessene Atmosphäre.

1.1.3 Die Bedeutung von Entwicklungsgesprächen und Erziehungspartnerschaft

An den aufgeführten Zielen und Aufgaben, die mit einer Erziehungspartnerschaft verbunden sind, zeigt sich die Komplexität. Jeder pädagogischen Fachkraft in der Praxis wird dies sofort klar, wenn sie sich die Familien der Kinder in der Einrichtung vorstellt. Die unterschiedlichen Lebensentwürfe und Wertorientierungen sowie die unterschiedlichen kulturellen und religiösen Vorstellungen und unterschiedliche Familiensprachen machen deutlich, wie individualisiert Erziehungspartnerschaften sein müssen. Das erinnert stark an die Individualisierung pädagogischer Förderung bei den Kindern.

Eine Erziehungspartnerschaft aufzubauen ist für die Einrichtung und für die einzelnen Fachkräfte eine große Herausforderung. Es gibt Familien, mit denen scheint es auf Anhieb einfacher zu gelingen als mit anderen. Es gibt jene, die sich einbringen, die interessiert und engagiert sind. Unter ihnen wiederum gibt es solche, die die Einrichtung begeistert loben, und andere, die Kritik üben. Und es gibt Familien, die weniger Interesse an einem intensiven Austausch und an einer Zusammenarbeit mit der Einrichtung signalisieren.

Die Bildungschancen von Kindern können und dürfen aber nicht vom Interesse der Eltern an der Tageseinrichtung abhängig sein. Jedes Kind hat das gleiche Recht auf eine optimale Förderung und somit auf Chancengleichheit im Bildungs- und Erziehungsprozess. Eine gute Zusammenarbeit mit den Familien führt eben dazu.

Auch ein Blick auf den Lernprozess der Kinder verdeutlicht, weshalb ein intensiver Austausch und eine Zusammenarbeit von Familien und pädagogischen Fachkräften für die optimale Gestaltung von Bildungs- und Erziehungsprozessen notwendig sind:

- **Kinder lernen von Geburt an,** ihre ersten Lernerfahrungen machen sie in der Familie und mit der Familie. Dort setzen sie sich erstmals mit der Umwelt auseinander, lernen, wie die Welt »funktioniert« und gewinnen ein Bild von ihr. Es gibt so viele Bilder von der Welt, wie es Kinder und Familien gibt. Keine Familie gleicht der anderen, also macht kein Kind die gleichen Erfahrungen. Die Familie zu kennen, ihre Vorstellungen, Werte, Struktur, Rituale etc., heißt auch, das Kind besser verstehen zu lernen.
- **Kinder lernen in einer vertrauensvollen Umgebung am besten.** Das bedeutet hier zunächst, dass die Einrichtung über Gewohnheiten, Rituale, Vorlieben etc. des Kindes informiert ist, um eine solche Umgebung für das Kind individuell gestalten zu können. Das bedeutet aber auch einen Austausch zwischen der Einrichtung und den Familien in Erziehungsfragen zu institutionalisieren, um gemeinsam nach Gestaltungsmöglichkeiten zu suchen, die das Kind mit möglichst wenigen Widersprüchen konfrontieren. Die Gestaltung von Übergängen nimmt somit für den weiteren Bildungsprozess eine Schlüsselrolle ein.
- **Lernen und Entwicklung ist ein dynamischer Prozess.** Das Kind verändert sich ständig, somit verändert sich auch der Förderungsbedarf des Kindes. Unter diesem Aspekt wird die Dokumentation von Bildungsverläufen unverzichtbar. Sie dient dazu, diese Veränderungen zu dokumentieren, gibt wichtige Hinweise darauf, wie das Kind lernt, wo seine Kompetenzen liegen und wie es gezielt gefördert werden kann.

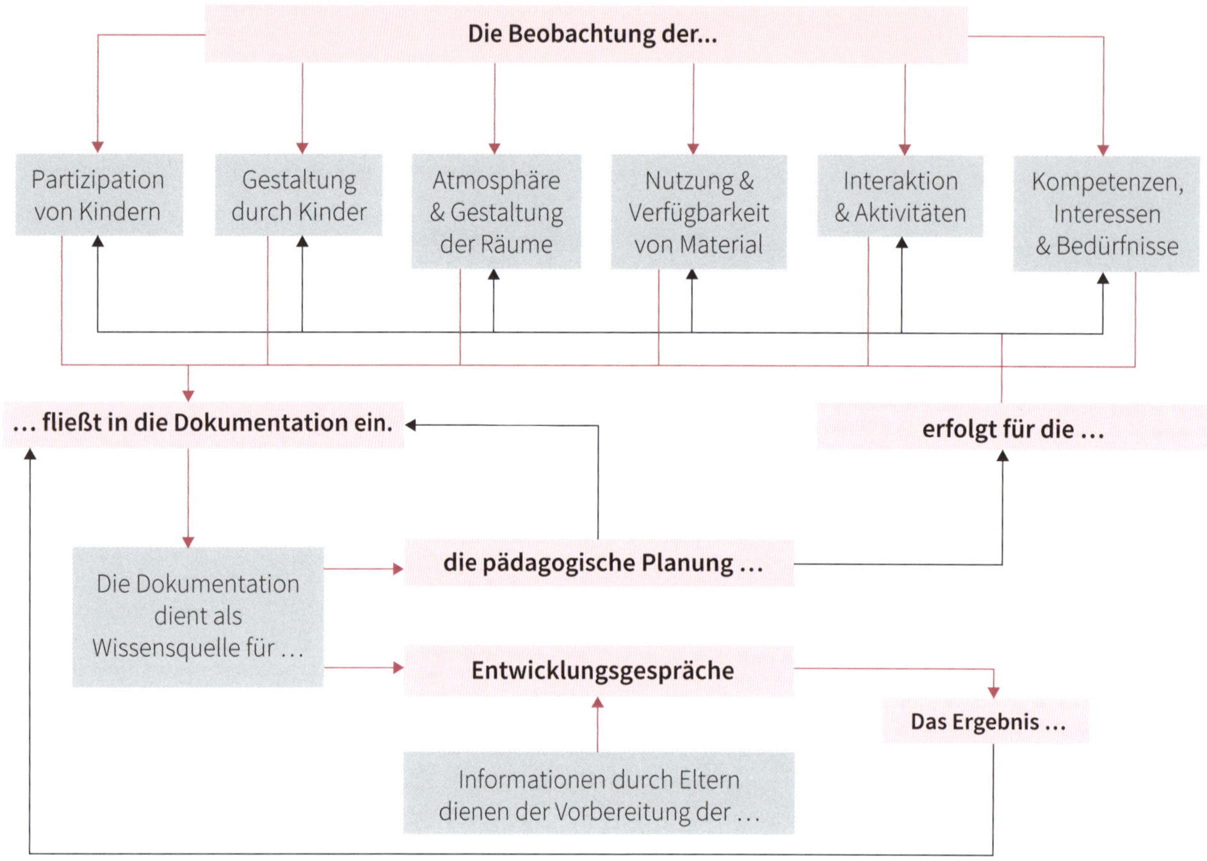

Entwicklungsgespräche haben in der Erziehungspartnerschaft eine wichtige Funktion. Sie sind die Schnittstelle zwischen der Familie und den pädagogischen Fachkräften, wenn es um die Bildung und Erziehung einzelner Kinder geht. Sie sind der Ort, an dem der Austausch über das Kind und mit dem Kind stattfindet. In den Entwicklungsgesprächen tauschen sich Familien und pädagogische Fachkräfte über die Entwicklungsverläufe der Kinder, über deren Kompetenzen und Förderbedarfe aus, aber auch über Wünsche, Vorlieben, Ängste, Bedürfnisse, Interessen der Kinder sowie Perspektiven der familiären und institutionellen Erziehung und Bildung. Es können aber auch aktuelle Problemsituationen der Familien Gegenstand des Gespräches sein.

1.2 Was ist ein Entwicklungsgespräch?

Entwicklungsgespräche sind mehr als Tür-und-Angel-Gespräche und mehr als spontane Austausche über die Entwicklung des Kindes. Entwicklungsgespräche weisen mehrere Merkmale auf:

- **Entwicklungsgespräche finden regelmäßig, mindestens zweimal im Jahr statt**

Kontinuität im Austausch mit den Familien ist wichtig, denn dadurch wird gewährleistet, dass die Entwicklung der Kinder intensiv begleitet wird. Entwicklungsgespräche sollten deshalb in einem Abstand von circa sechs Monaten stattfinden. Geeignete Zeitpunkte sind der Beginn eines neuen Kindergartenjahres und vor Ostern, also ungefähr in der Mitte eines Kindergartenjahres. Mit dem neuen Kindergartenjahr verändert sich die Gruppenstruktur, weil zum einen einige Kinder in die Grundschule gewechselt und zum anderen Kinder neu in die

Gruppe gekommen sind. Um Ostern haben sich die Gruppenstrukturen eingespielt, und die Kinder haben ihre Positionen gefunden. Es ist ein guter Zeitpunkt, um die Entwicklungen der letzten Monate in der neuen Gruppenstruktur mit den Familien zu reflektieren und zu überlegen, welche individuellen Förderangebote für das Kind noch umgesetzt werden können.

- **Entwicklungsgespräche sind geplant und langfristig terminiert**

 Entwicklungsgespräche haben einen festen Platz im Kindergartenjahr. Zu Beginn des Kindergartenjahres werden Zeitfenster für Entwicklungsgespräche festgelegt und den Familien rechtzeitig mitgeteilt. Die konkreten Terminabsprachen erfolgen dann zeitnah gemeinsam mit den Familien.

- **Entwicklungsgespräche haben unterschiedliche Inhalte**

 Es gibt für Entwicklungsgespräche feste Elemente, die in jedem Gespräch vorkommen (siehe Seite 27 f.), aber auch Elemente, die je nach Bedarf zu den Inhalten gehören können (siehe Seite 28 f.).

- **Entwicklungsgespräche werden von den Familien und den pädagogischen Fachkräften vorbereitet**

 Da das Entwicklungsgespräch ein kooperativer Austausch zwischen den Familien und den pädagogischen Fachkräften ist, müssen sich auch beide Seiten darauf vorbereiten. Sowohl die pädagogischen Fachkräfte als auch die Familien werden Fragen über die Kinder, über die Tageseinrichtung oder die Familie haben; sie werden Geschichten, Vorkommnisse und Ereignisse zu erzählen haben, sie werden sich über die Förderbedarfe und Kompetenzen der Kinder austauschen wollen, und sie werden gemeinsam Bildungs- und Erziehungsziele benennen wollen.

- **Entwicklungsgespräche sind den Familien und den pädagogischen Fachkräften inhaltlich bekannt**

 Die Inhalte von Entwicklungsgesprächen sind allen Beteiligten bekannt. Einrichtungen teilen am besten direkt bei der Aufnahme des Kindes mit, dass es regelmäßige Entwicklungsgespräche gibt und die Familien aktiv und gestaltend daran teilnehmen sollen.

- **Entwicklungsgespräche stellen einen kooperativen Austausch über die Kinder dar**

 Entwicklungsgespräche sind geprägt von einer Atmosphäre der Toleranz, Transparenz und gegenseitigem Annehmen. Es geht darum, dass sich Familien und pädagogische Fachkräfte zum Wohl des Kindes partnerschaftlich und kooperativ austauschen. Sie verfolgen ein gemeinsames Ziel, nämlich eine effektive und effiziente Lernatmosphäre zu gestalten und eine optimale individuelle Förderung zu ermöglichen.

- **Entwicklungsgespräche weisen eine verlässliche Struktur auf, das heißt, die Regeln sind allen bekannt**

 Allen Beteiligten sind die Strukturen, das heißt die Gesprächsmethoden, -formen und die Art der Moderation bekannt. Die klare, zuvor kommunizierte Struktur gibt allen, insbesondere aber den Familien, Sicherheit und das Gefühl von Verlässlichkeit. Das führt im Idealfall dazu, dass ein offener Austausch möglich ist.

- **Entwicklungsgespräche sind vertrauensvoll und offen**

 Vertrauensvoll und offen sind Entwicklungsgespräche dann, wenn sich alle Beteiligten angenommen, sicher und akzeptiert fühlen. Erst auf dieser Grundlage werden alle Beteiligten offen über Stärken und Schwächen, über mögliche Probleme, notwendige Hilfen oder auch familiäre Lebensrealitäten reden können.

- **Entwicklungsgespräche sind Gespräche mit Familienmitgliedern**

 An der Entwicklung von Bildungszielen und -inhalten sind nicht nur die Eltern beteiligt. In den Familien sind für die Bildungsbiografie alle Familienmitglieder, die in einem engen Kontakt zum Kind stehen, relevante Partner. Kinder lernen in sozialen Zusammenhängen und in der Gemeinschaft mit anderen. Sie lernen in ko-konstruktivistischen Settings. Unter diesen Prämissen haben die Interaktionspartner und Bezugspersonen für die frühkindliche Bildung eine zentrale Bedeutung. Sie können wichtige Informationen zum gemeinsamen Austausch beitragen und sollen gemeinsam mit den Einrichtungen Bildungs- und Erziehungsziele diskutieren.

- **Entwicklungsgespräche werden auf der Basis systematischer Beobachtungen und Dokumentationen geführt**
  Die Inhalte von Entwicklungsgesprächen ergeben sich im Wesentlichen aus drei Quellen:

1. Zunächst liegen die Beobachtungen der pädagogischen Fachkräfte der Themenfindung zugrunde. Fachkräfte beobachten Kinder in einem kontinuierlichen und systematischen Prozess. Somit kennen sie die Kompetenzen, das Verhalten sowie die Stärken und Schwächen der Kinder. Aufgrund dieser Beobachtungen lassen sich individuelle Förderbedarfe erkennen, aber auch Themen bestimmen, an denen die Kinder ein starkes Interesse haben.
2. Die Beobachtungen der pädagogischen Fachkräfte werden dokumentiert. Besonders geeignet für die Arbeit in Kindertageseinrichtungen ist das Portfolio. In ihm werden die unterschiedlichen Perspektiven auf die Entwicklung des Kindes genutzt, um ein umfassendes Bild über das Kind zu bekommen (siehe Kapitel 1.2.7). Diese Aufzeichnungen geben ebenfalls wichtige Impulse bei der Auswahl der Themen für ein Entwicklungsgespräch. Einige der Aufzeichnungen eignen sich auch zur Mitnahme in das Gespräch.
3. Die Bedürfnisse und Wünsche der Familien spielen ebenfalls eine wichtige Rolle, da sie die familiäre Perspektive auf den Bildungsprozess des Kindes zeigen. Darüber hinaus sind die Familien, hier insbesondere die Eltern, erziehungs- und sorgeberechtigt und haben somit die Verantwortung für die optimale Gestaltung der Lernumgebung ihrer Kinder.

- **Entwicklungsgespräche sind ziel- und ergebnisorientiert**

Entwicklungsgespräche sind zum einen ergebnisorientiert und zum anderen sind sie zielgerichtet. Das bedeutet, dass in jedem Gespräch Ergebnisse erreicht werden sollten und Ziele benannt werden müssen. **Zielperspektiven** eines Entwicklungsgespräches sind Inhalte und Methoden individueller Förderung, Angebote zu Interessen der Kinder, Durchführung von Projekten, aber auch Unterstützung von familiären Erziehungs- und Bildungsprozessen. **Ergebnisse** eines Entwicklungsgespräches sind eine Verständigung auf eine gemeinsame Strategie und die Verteilung von Aufgaben zur Erfüllung der gemeinsamen, abgesprochenen Ziele.

- **Entwicklungsgespräche sind mehrperspektivisch**

Mit Mehrperspektivität ist gemeint, dass alle Beteiligten das Recht haben, ihre Vorstellungen zu äußern, und diese auch innerhalb des Gespräches thematisiert werden.

1.2.1 Inhalte von Entwicklungsgesprächen

Im Mittelpunkt der Entwicklungsgespräche stehen in jedem Fall die Kinder. Aber auch die Anliegen der pädagogischen Fachkräfte und der Familien haben in den Gesprächen eine Berechtigung.

Die nachfolgenden Themenbereiche stellen Inhalte von Entwicklungsgesprächen dar. Diese Punkte sollten aber keinesfalls alle gleichzeitig in ein Entwicklungsgespräch aufgenommen werden. Für jedes Entwicklungsgespräch werden die Themenbereiche vorher zwischen Familie und pädagogischen Fachkräften abgesprochen, um die Gespräche nicht zu überfrachten. Ein Ansprechen aller Bereiche würde sowohl die Familien als auch die pädagogischen Fachkräfte inhaltlich und zeitlich überfordern sowie wenig umsetzbare Ergebnisse und kaum erreichbare Ziele bringen.

Die nachfolgenden Themen werden in den Gesprächen aus zwei Perspektiven betrachtet. Die eine Perspektive ist die familiäre und die andere die institutionelle. In der **familiären Perspektive** werden die relevanten Aspekte hinsichtlich des Kindes innerhalb der Familie beschrieben. Die **institutionelle Perspektive** wird von den pädagogischen Fachkräften eingenommen, hier werden die Themen aus der Sicht der Fachkräfte beschrieben. So entsteht eine mehrperspektivische Sicht auf das Kind, die nicht nur den jeweiligen Blickwinkel der verschiedenen Interaktionspartner und Bezugspersonen einschließt, sondern das Kind auch in unterschiedlichen Systemen beschreibt.

Im Rahmen von Entwicklungsgesprächen werden zwei Themenkomplexe unterschieden. Es gibt die **obligatorischen Themenbereiche**, die zum Inhalt eines jeden Gespräches gehören, und die **optionalen Themenbereiche**, die, je nach Notwendigkeit, Inhalte eines Gespräches sein können. Die Themenbereiche für ein Entwicklungsgespräch sind nicht auf die folgenden Punkte zu beschränken. Natürlich gibt es weitere Themen, die für ein Entwicklungsgespräch wichtig sein können und unbedingt aufgegriffen werden müssen. Auch ist es sinnvoll, eine Gewichtung der Themenbereiche vorzunehmen und die Themen mit der größten Bedeutsamkeit für das Kind, die Familie und die pädagogischen Fachkräfte vorrangig zu behandeln.

Obligatorische Themenbereiche

◆ **Wohlbefinden des Kindes**

Zu den wichtigsten Themen gehört das Wohlbefinden des Kindes, denn davon hängen viele andere Prozesse ab. Um das Verhalten und die Aktivitäten des Kindes verstehen und analysieren zu können, ist es notwendig zu wissen,

- ob es dem Kind gut geht,
- ob es gerne in die Einrichtung geht und
- ob es zu Hause zufrieden ist.

Dazu ist ein intensiver Austausch wichtig, der diese drei Aspekte umfasst. Familien und pädagogische Fachkräfte sollten gemeinsam überlegen, welche Anhaltspunkte sich finden lassen, um festzustellen, ob das Kind gerne in die Einrichtung geht oder nicht.

◆ **Selbstbild und Entwicklung von Identität**

Im Verlaufe des Besuchs einer Tageseinrichtung entwickeln sich das Selbstbild und die Identität des Kindes kontinuierlich weiter. Um ein individuelles Förderangebot zu entwickeln, ist es unumgänglich, diese beiden Bereiche zu thematisieren. Denn sowohl das Bild, das ein Mensch von sich selbst hat, als auch das Verständnis über das eigene Sein und Handeln bestimmen die Interaktion und Kommunikation, das Interesse und die Wünsche. Je mehr Eltern und pädagogische Fachkräfte darüber wissen, desto optimaler kann ein individuelles Förderangebot angepasst werden.

◆ **Kompetenzen des Kindes**

Der Bereich der Kompetenzen nimmt bei den Entwicklungsgesprächen den größten Raum ein. Die pädagogische Arbeit bezieht sich im Wesentlichen auf die Förderung eben dieser Kompetenzen, allerdings nicht ausschließlich. Die Kompetenzen umfassen mehrere Aspekte, und die Förderung der Kompetenzen ist ein wesentlicher Bestandteil der frühkindlichen Bildung. Dabei geht es um die Förderung von sprachlichen, kognitiven, sozial-emotionalen, grob- und feinmotorischen sowie kreativ-musischen Fähigkeiten und Fertigkeiten. In den Entwicklungsgesprächen müssen die bestehenden Kompetenzen, die Entwicklung und die Veränderung von Kompetenzen sowie noch fehlende Kompetenzen besprochen werden. Gemeinsam wird überlegt, wie die Kompetenzen im familiären und institutionellen Alltag optimal zu fördern sind.

◆ **Interaktion und Kommunikation des Kindes**

Gemeinsam besprechen die Beteiligten am Entwicklungsgespräch

- wie das Kind seine Wünsche, seine Interessen und Bedürfnisse anderen mitteilt,
- wie es mit Konflikten umgeht und
- mit wem es kommuniziert und interagiert.

◆ **Interessen, Wünsche und Bedürfnisse des Kindes**

Für die Gestaltung pädagogischer Prozesse und Aktivitäten sowie des Alltags ist es für die pädagogischen Fachkräfte wichtig, etwas über die Interessen, Wünsche und Bedürfnisse der Kinder zu wissen. Aktivitäten und Angebote können so an die Wünsche, Interessen und Bedürfnisse der Kinder, im Sinne einer kindorientierten Pädagogik, anschließen. Dabei ist es auch wichtig zu erfahren, welche Wünsche und Bedürfnisse das Kind in der Familie äußert; nicht immer sind die Wünsche und Interessen der Kinder in der Familie die gleichen wie in der Einrichtung.

Spielthemen, -partner und -materialien

Was, mit wem und womit Kinder spielen sind ebenfalls wichtige Informationen, auch wenn es auf den ersten Blick nicht so scheinen mag. Das Kind drückt unter anderem darüber seine Interessen aus, und pädagogische Fachkräfte können während der Tätigkeit beobachten, über welche Kompetenzen die Kinder verfügen. So eignet sich eine Rollenspielsituation zum Beispiel dazu, etwas über das Sprachverhalten und die Interaktionsfähigkeit der Kinder zu erfahren. Mit dem Austausch über Spielthemen, -partner und -materialien erfahren sowohl Familien als auch pädagogische Fachkräfte etwas über Spiele und Themen, die das Kind nie aufgreift, und über solche, die das Kind häufig beschäftigen. Auch das Wissen über Spiel- und Interaktionspartner ist für alle Beteiligten eine Information, die unter Förderaspekten durchaus eine wichtige Rolle spielt. Je nach Thema kann eine vertraute und sicherheitsgebende Gruppe für die Förderung zum Beispiel sozialer und kommunikativer Kompetenzen hilfreich sein. So ergibt sich ein umfassendes Bild vom Kind, und es lassen sich Bereiche erkennen, die die pädagogischen Fachkräfte im Alltag den Kindern näherbringen können.

Optionale Themenbereiche

Inklusion

Eine der großen herausfordernden Aufgaben des Bildungs- und Erziehungssystems sowie der Gesellschaft überhaupt ist zur Zeit die Umsetzung des »Übereinkommen über die Rechte von Menschen mit Behinderungen« (Convention on the Rights of Persons with Disabilities – CRPD), das am 13. Dezember 2006 von der Generalversammlung der Vereinten Nationen beschlossen wurde und am 3. Mai 2008 in Kraft getreten ist. Die Konvention beinhaltet eine Vielzahl spezieller, auf die Lebenssituation behinderter Menschen abgestimmter Regelungen.

Auch wenn die Tageseinrichtungen für Kinder im Hinblick auf Inklusion auf eine längere Tradition als die Schulen verweisen können, gibt es auch hier eine Menge Fragen zu klären sowie Konzepte zu entwickeln und zu erproben. Im Rahmen der Entwicklungsgespräche ist die Frage der optimalen Förderung der Kinder mit besonderem Förderbedarf ein wichtiges Thema, insbesondere auch in Bezug auf die gemeinsame Alltagsgestaltung in der Gruppe. Inklusion heißt aus Sicht des Autors, gemeinsam den Lebensraum – hier die Kindertageseinrichtung –- zu gestalten und mit Leben zu füllen und nicht die Integration in ein bestehendes System. Hier müssen neue Wege gegangen werden, die natürlich in den Entwicklungsgesprächen zu thematisieren sind.

Zuwanderungsgeschichte

Sprachliche, kulturelle und religiöse Vielfalt bereichern unser Leben an vielen Stellen sehr. Wir alle können davon in verschiedenen Lebensbereichen profitieren und neue Perspektiven, Werte und Vorstellungen reflektieren und in das eigene Leben integrieren. Doch bedarf es dazu einer offenen wertschätzenden Auseinandersetzung mit der kulturellen, sprachlichen und religiösen Vielfalt. Und in einigen Fällen bedarf es auch der besonderen Förderung, zum Beispiel im sprachlichen Bereich, um eine gesellschaftliche Teilhabe zu ermöglichen.

Entwicklungsgespräche sind ein wichtiger Ort für pädagogische Fachkräfte, um mehr über die Kultur, die Sprache und die Religion der Familie und somit auch des Kindes zu erfahren. Kenntnisse zu besitzen ist die Grundvoraussetzung, um nachvollziehen und einschätzen sowie die Bereicherung annehmen zu können. Für die Familien gilt das Gleiche, auch sie lernen die Kultur und die Werte der Einrichtung besser kennen und können sie so auch reflektieren und annehmen. Wünschenswert wären ein offener Umgang aller miteinander und eine zielgerichtete Planung, die dem Kind positive Erfahrungen in der Einrichtung ermöglicht. Natürlich stehen dabei auch besondere Förderungen im Blickpunkt, die stark in den Themenbereich »Kompetenzen des Kindes« hineinreichen.

Eingewöhnung

Das Thema Eingewöhnung spielt beim ersten Gespräch, bevor das Kind die Einrichtung besucht, eine wesentliche Rolle. In diesem Gespräch vereinbaren die Familien mit den pädagogischen Fachkräften ein Konzept zur Eingewöhnung des Kindes. Dabei müssen die Rahmenbedingungen und pädagogischen Grundlagen der Einrichtung wie auch die Bedingungen der Familie berücksichtigt werden. Die Eingewöhnung ist ein gemeinschaftlicher Prozess von Kind, Familie und pädagogischen Fachkräften. Große Bedeutung für das Erstgespräch hat gerade die Eingewöhnung jüngerer Kinder, von Kindern mit besonderem Förderbedarf sowie Kindern, die gerade erst nach Deutschland zugewandert sind, insbesondere dann, wenn die Auswanderung unter psychosozialem Druck stattgefunden hat.

- **Übergang in die Grundschule**

  Etwa ein halbes Jahr bevor das Kind in die Grundschule kommt, findet ein abschließendes Gespräch mit den Familien statt. In diesem Gespräch wird der Übergang in die Grundschule intensiv thematisiert. Dabei spielen die Vorstellungen, Gefühle und die Neugierde auf die Schule eine wichtige Rolle. Gemeinsam wird überlegt, wie dieser Übergang in die Schule von allen Beteiligten gut begleitet werden kann.

- **Essgewohnheiten**

  Wenn Kinder in der Einrichtung essen, ist es wichtig zu wissen, was sie gerne mögen und was nicht. Aber auch Informationen darüber, wie die Kinder sich zu Hause ernähren sind wichtig, damit die pädagogischen Fachkräfte das Essverhalten in der Einrichtung damit vergleichen können und Möglichkeiten des pädagogischen Handelns während der Essenssituation haben. Eine besondere Bedeutung kommt diesem Bereich zu, wenn das Kind erkrankt ist, zum Beispiel an Diabetes, an Allergien leidet oder eine Essstörung hat. In diesen Fällen müssen die pädagogischen Fachkräfte gemeinsam mit den Familien die Ernährung in der Einrichtung besprechen. Dieses Thema ist beim ersten Entwicklungsgespräch auf jeden Fall einzubeziehen.

- **Gesundheit**

  Dieser Bereich hängt mit dem vorhergehenden zusammen. Auch bei einer Erkrankung des Kindes ist es wichtig, dass die pädagogischen Fachkräfte über Informationen verfügen. Ein intensiver Austausch über bereits durchgemachte Krankheiten wie gegebenenfalls über chronische Erkrankungen ist auch hinsichtlich einer optimalen Förderung wichtig, wenn die Erkrankung Einfluss auf die Entwicklung des Kindes hat. Diese Fragen müssen im ersten Gespräch geklärt werden.

- **Diverse Ereignisse**

  Im Laufe eines Kindergartenlebens gibt es viele vereinzelte Ereignisse, die in einem Entwicklungsgespräch besprochen werden müssen. Alle diese Themen hier aufzulisten wäre unmöglich. Allerdings sollten Familien und Einrichtung gemeinsam überlegen, ob es wichtige Themen gibt, die über die hier aufgeführten hinaus für das Wohlbefinden und für eine optimale individuelle Förderung des Kindes wichtig sind. Dazu können auch Problemlagen in der familiären Situation des Kindes gehören. Ähnliches gilt auch, wenn Einrichtungen Tests durchführen oder Beobachtungsbögen einsetzen, wie zum Beispiel SISMIK oder den Gelsenkirchener Beobachtungsbogen.

1.2.2 Beteiligte an Entwicklungsgesprächen

An Entwicklungsgesprächen nehmen verschiedene Personen teil. Die Auswahl derjenigen, die am Gespräch beteiligt sind, variiert in den einzelnen Situationen und ist abhängig von den zu besprechenden Themenbereichen (siehe Kapitel 1.2.1) und von den möglicherweise vorliegenden Besonderheiten in der Familie bzw. in der Entwicklung des Kindes. Um einen möglichst umfassenden und mehrperspektivischen Blick auf das Kind entwickeln zu können, sollte zum Wohl des Kindes genau überlegt werden, welche Personen hilfreiche Eindrücke über das Kind beitragen können bzw. welche Personen an der Umsetzung der formulierten Ziele beteiligt sind.

Aus der Tageseinrichtung sind das in jedem Fall die pädagogischen Fachkräfte, die die Bildungs- und Erziehungsprozesse gestalten. In einigen Fällen ist es sinnvoll, die Leitung der Einrichtung hinzuzuziehen, zum Beispiel, wenn es in schwierigen Lebenssituationen der Familien oder bei größeren Auffälligkeiten in der Entwicklung des Kindes notwendig wird, Beratung und Hilfen zu vermitteln. Aber auch andere Mitarbeiterinnen bzw. Mitarbeiter der Einrichtung, wie Köchinnen bzw. Köche, können hinzugezogen werden, wenn das Kind zum Beispiel aufgrund einer Erkrankung wie Diabetes besondere Ernährungsgewohnheiten hat. In Ausnahmefällen ist es auch ratsam, externe Dritte, wie Sozialarbeiterinnen bzw. -arbeiter, -pädagoginnen bzw. -pädagogen, Therapeuten oder Ärzte, zu den Entwicklungsgesprächen dazu zu bitten.

Weitere Partner sind natürlich die Mitglieder der Familien. In der Regel werden das die Eltern sein. Vergegenwärtigt man sich noch einmal, dass es in der Erziehungspartnerschaft um die gemeinsame Ausrichtung von Bildungs- und Erziehungszielen geht, dann ist es unbedingt notwendig, dass beide Elternteile am Entwicklungsgespräch teilnehmen. Auch wenn das in einigen Fällen nicht einfach umzusetzen ist. Daher ist es für den gemeinsamen Prozess wichtig, den Eltern die Notwendigkeit des gemeinsamen Austausches nahezubringen. Aber auch die Perspektive weiterer für das Kind wichtiger Interaktions- und Erziehungspartner sollte einbezogen werden. Das können Schwestern oder Brüder sein, die eine eigene Perspektive zu ihrem Geschwister haben. Geschwister können oft gute Aussagen über die Beziehung untereinander machen und das Kind aus einer »Nicht-Erwachsenenperspektive« sehen. Großeltern, Tanten oder Onkel, die stärker am Erziehungsprozess in der Familie beteiligt sind, sind potenziell ebenfalls gute Gesprächspartner.

Darüber hinaus gibt es noch weitere nicht familiäre Partner, die hier besondere Beachtung finden sollten. Familien, die sich auf Deutsch noch nicht ausreichend mitteilen können oder die deutsche Sprache noch wenig verstehen, haben den gleichen Anspruch, an Entwicklungsgesprächen teilnehmen zu können, wie alle anderen Familien auch. In der Regel findet sich im Verwandtschafts- oder Bekanntenkreis eine Person, die als Übersetzer fungieren kann. Sollte dies nicht der Fall sein, hat die Einrichtung, gegebenenfalls zusammen mit dem Träger, dafür zu sorgen, dass eine Person gefunden wird, die die Sprachbarriere gemeinsam mit der Familie zu überwinden hilft.

Abschließend lässt sich festhalten: Hier gilt nicht die Maxime »Je mehr, desto besser«, sondern: Je ausgewählter, desto hilfreicher.

1.2.3 Elemente des Entwicklungsgespräches

Neben der Entwicklung von unterschiedlichen Perspektiven durch verschiedene Personen, die an dem Gespräch teilnehmen, spielt noch eine andere Ebene eine wichtige Rolle. Entwicklungsgespräche werden unter drei systemischen Kategorien geführt: Reflexion – Analyse – Förderung (Zielvereinbarung).

Reflexion

Zur Reflexion gehört vor allem die Beschreibung des Verhaltens und der Interessen des Kindes in der Tageseinrichtung und in der Familie. Hier haben sowohl die Familien als auch die pädagogischen Fachkräfte die Aufgabe, das Kind möglichst genau in verschiedenen Spiel- und Alltagssituationen sowie Entwicklungen und Veränderungen zu beschreiben. Eine Analyse ist in dieser Phase zwar noch nicht vorgesehen, lässt sich aber natürlich nicht völlig ausschließen. Der Schwerpunkt sollte allerdings auf dem Austausch über die verschiedenen Eindrücke der Beteiligten liegen. Dies ist notwendig, damit alle ein möglichst genaues Bild über das Verhalten des Kindes in verschiedenen sozialen Systemen (Familie, Tageseinrichtung, Freundeskreis) bekommen. Erst auf der Grundlage dieses gemeinsam erarbeiteten Bildes vom Kind sollte in einem zweiten Schritt analysiert werden.

Analyse

In der Analysephase des Gespräches stehen mögliche Erklärungsansätze für das Verhalten des Kindes sowie eine Beschreibung seines Entwicklungsstandes im Vergleich zu den anderen Kindern seiner Altersstufe bzw. der Kompetenzen des Kindes im Vordergrund. Familien und pädagogische Fachkräfte tauschen sich gemeinsam über die Kompetenzen des Kindes aus und stellen gemeinsam Förderbedarfe fest. Sie reden über aktuelle Wünsche, Interessen und Themen, die das Kind zurzeit beschäftigen. Darüber hinaus stellen sowohl die Familien als auch die pädagogischen Fachkräfte die Spielthemen, -partner und -materialien des Kindes in den jeweiligen Lebensräumen vor. Ziel der Analyse ist die möglichst umfassende Beschreibung des aktuellen Entwicklungs- und Interessenstandes des Kindes, um daraus eine optimale individuelle Förderung abzuleiten.

Individuelle Förderung (Zielvereinbarung)

In der letzten Phase des Gespräches steht die Entwicklung von gemeinsamen (Bildungs- und Erziehungs-)Zielen im Mittelpunkt. Anhand der ausgetauschten Informationen über das Kind legen die pädagogischen Fachkräfte gemeinsam mit den Familien Ziele fest, die sowohl in der Tageseinrich tung als auch in der Familie erreicht werden sollen. Dabei stehen die Bereiche im Vordergrund, an denen die Kinder ein gesteigertes Interesse besitzen, Dinge, die die Kinder gerne tun, und Bereiche, in denen sie gute Fähigkeiten besitzen; aber natürlich auch Bereiche, in denen die Kinder einer individuellen Förderung bedürfen. Die Zielperspektive ist dabei der Zeitpunkt des nächsten Entwicklungsgespräches.

Exkurs: Was ist eine Zielvereinbarung?

In Entwicklungsgesprächen werden mit den Familien Ziele entwickelt, die gemeinsam erreicht bzw. in den Familien und Einrichtungen erreicht werden sollen. Entwicklungsgespräche müssen an Zielen orientiert sein, damit die besprochenen Themen auch in ein Konzept der individuellen Förderung münden. Mit der Orientierung an den gemeinsam festgelegten Zielen sind dann auch spezielle, am Kind orientierte Aktivitäten und Angebote zu planen und die erkannten Förderbedarfe umzusetzen. Dazu sollten die gemeinsamen Ziele schriftlich fixiert werden. Zur schriftlichen Fixierung dient die »Zielvereinbarung zwischen Familien und pädagogischen Fachkräften zur individuellen Förderung des Kindes« (siehe Seite 88 f.).
Ziele können zu den folgenden Bereichen vereinbart werden. Welche Bereiche relevant sind, hängt vom jeweiligen Kind ab:

Kompetenzen des Kindes
Die Entwicklung von Kompetenzen, insbesondere die Entwicklung von kognitiven, sprachlichen, motorischen und sozial-emotionalen Kompetenzen, stellt den Kern der Förderbereiche dar. In jedem Fall sollte zu diesem Bereich mindestens eine Zielvereinbarung über noch zu entwickelnde Kompetenzen mit den Familien geschlossen werden.

Spielthemen, -partner und -materialien
In der Regel wird die Aktivität des Kindes in der Einrichtung, aber auch in der Familie, durch diese drei Bereiche beschrieben. Zielvereinbarungen in diesen Bereichen können zum Beispiel beinhalten, dass ein verstärktes Angebot in Spielbereichen oder mit Spielmaterialien gemacht wird, an denen das Kind selten Interesse hat bzw. in denen die Fähigkeiten des Kindes noch förderungswürdig sind.

Interaktionsverhalten
Für das Zusammenleben in Gruppen ist es unabdingbar, dass Kinder gewisse Regeln des gemeinsamen Umgangs akzeptieren und auch in der Gruppe anwenden können. Darüber hinaus ist es wichtig, dass die Kinder mit den anderen Kindern der Gruppe kommunizieren und interagieren können. Hierzu können mit den Familien Zielvereinbarungen entwickelt werden, wenn die Kinder in ihrem Sozialverhalten noch Förderungsbedarfe haben.

Ernährung und Gesundheit
Wenn aus der Sicht der Familien und der pädagogischen Fachkräfte ein Bedarf an gesundheitlicher Förderung oder eine Veränderung des Essverhaltens sinnvoll erscheint, sollte auch in diesem Bereich eine Zielvereinbarung geschlossen werden.

1.2.4 Kontinuität in Bildungsprozessen

In den Bildungsplänen der Länder wird die Zusammenarbeit mit den Familien, möglichst in Form einer Erziehungspartnerschaft, für die optimale Gestaltung von Bildungs- und Erziehungsprozessen als notwendig erachtet. Je präziser und detaillierter die Zusammenarbeit konzipiert ist, desto effektiver sind die Ergebnisse dieser Kooperation. Aber wie kann nun eine effektive Kooperation aussehen?

Ganz grundsätzlich ist zu berücksichtigen, dass die Planung und Umsetzung von Bildungs- und Erziehungsprozessen kontinuierlich sein sollte. Um eine solche Kontinuität herzustellen, bedarf es teilweise eines Perspektivenwechsels, denn oftmals haben Pädagoginnen und Pädagogen jeweils einen fokussierten Blick auf »ihre Einrichtung« und vergessen dabei, auf andere beteiligte Einrichtungen und Personen im Bildungs- und Erziehungsprozess zu schauen. Ein Kind besucht eine Tageseinrichtung in der Regel zwischen drei und sechs Jahre lang. In dieser Zeit wird das Kind in der Einrichtung, je nach Konzept, in unterschiedlichen Bereichen unterschiedlich intensiv gefördert. Es wird also »der Koffer fürs Leben« mit Inhalt gefüllt. Der Koffer, den jeder Mensch mit sich trägt, ist aber zu Beginn des Kindergartenbesuchs nicht leer, sondern bereits mit ersten Erfahrungen und Kompetenzen bestückt. Für die pädagogischen Fachkräfte ist es deshalb sehr wichtig zu wissen, was sich bereits alles in diesem Koffer befindet, damit in der Zeit, in der das Kind die Einrichtung besucht, der Koffer weiter aufgefüllt werden kann. Nun packen aber nicht nur die pädagogischen Fachkräfte den Koffer des Kindes, das Kind selbst und die Personen aus seinem sozialen Umfeld helfen gemeinsam beim Kofferpacken. Am Ende der Kindergartenzeit, wenn das Kind in die Grundschule kommt, wird der schon vollere Koffer mitgenommen, und auch die Lehrkräfte sollten den Inhalt kennen. Damit sowohl die Fach- und Lehrkräfte als auch die Familien über den Kofferinhalt Bescheid wissen, ist es notwendig, die gemeinsame Verantwortung für die Erziehungs- und Bildungsprozesse partnerschaftlich zu übernehmen und zu gestalten.

Diesen beiden Übergängen – von der Familie in die Tageseinrichtung und von der Tageseinrichtung in die Schule – kommt auch hinsichtlich der Entwicklungsgespräche eine herausragende Stellung zu. Der erste Übergang eines Kindes findet in der Regel von der Familie in die Tageseinrichtung statt. Dieser Prozess muss unbedingt von den pädagogischen Fachkräften und Familien gemeinsam geplant und begleitet werden. Die nötigen Absprachen dazu werden in einem ersten Entwicklungsgespräch getroffen. Der Übergang in die Grundschule, also der Wechsel in eine neue Bildungsinstitution, die so ganz anders funktioniert als eine Tageseinrichtung, ist ein weiterer wichtiger Schritt. Pädagogische Fachkräfte und Familien stellen in einem Entwicklungsgespräch die Weichen für einen gelingenden Übergang.

Der Übergang von der Familie in eine Kindertageseinrichtung

Für die meisten Familien ist der Übergang in die Tageseinrichtung der erste Kontakt des Kindes mit einer Bildungseinrichtung. Viele Kinder sind bis zu diesem Zeitpunkt nur von den Eltern oder nahen Verwandten betreut worden; einige Kinder haben auch schon Erfahrungen mit der Betreuung durch Tagesmütter gesammelt. Auf jeden Fall ist der Übergang in eine Tageseinrichtung für die Kinder eine schwierige und sensible Situation. Die Bezugspersonen in der Einrichtung sind zunächst fremde Menschen, zu denen das Kind eine Beziehung aufbauen muss; aber auch die pädagogischen Fachkräfte müssen das Kind zunächst kennenlernen. Ob der Eingewöhnungsprozess positiv oder problematisch verläuft, ist von vielen Faktoren abhängig. Eine gute Vorbereitung und Planung der Eingewöhnung, unter Berücksichtigung der individuellen Voraussetzungen und der Geschichte des Kindes, steigern die Chance auf einen positiven Start in die institutionelle Bildung.

Übergänge müssen nicht nur von Kindern und Eltern bewältigt werden, sondern auch von den pädagogischen Fachkräften – auch wenn diese den Übergang im Vergleich zu den anderen Beteiligten als weitaus geringere Belastung erleben. Für die pädagogischen Fachkräfte sind die Übergänge zuerst einmal Routine; dennoch mag es sein, dass sie einzelne Kinder vermissen und sie sich von Jahr zu Jahr auf eine neue und anders organisierte Gruppe einstellen müssen.

In einer Studie haben Renate Niesel und Wilfried Griebel (1997, 2004) die Anforderungen an die Kinder beim Übergang in die Tageseinrichtung sowie die Anforderungen an die Eltern untersucht und folgende zentrale Bereiche herausgearbeitet:

- **Die Identität des Kindes verändert sich**

  Kinder, die eine Tageseinrichtung besuchen, fühlen sich älter, eben als Kindergartenkind und nicht mehr als »Baby«. Sie entwickeln nach und nach ein soziales Gefühl für die Gruppe und erweitern ihre Kompetenzen, sich im neuen sozialen Raum zurechtzufinden. Aber es sind nicht nur die Kinder, deren Identität sich mit dem Besuch einer Tageseinrichtung verändert. Auch die Eltern werden nun zu Eltern eines Kindergartenkindes und lernen nach und nach, ihr Kind als solches wahrzunehmen und seine Bedürfnisse als die eines Kindergartenkindes zu betrachten.

- **Das Kind übernimmt eine neue Rolle**

  Die Kinder sind von diesem Zeitpunkt an nicht mehr nur die Kinder ihrer Eltern, sondern sie sind nun auch Kindergartenkind. Damit sind neue Erwartungen an Kompetenzen und Verhalten verbunden. Zum Beispiel, dass die Kinder den Alltag immer autonomer bewältigen können und Selbstständigkeit in Routine- und Pflegesituationen wie beim Anziehen, Essen oder bei der Körperpflege erlangen. Damit einher geht die Entwicklung eines Selbstbildes des Kindes. Aber auch hier sind Erwartungen an die Familien gerichtet. Mütter und Väter müssen lernen, dass ihr Kind nun Mitglied einer Gruppe ist und nicht wie zu Hause eine besondere Rolle einnimmt. Dieser Prozess ist nicht immer einfach, aber Eltern wachsen in dieses Verständnis nach und nach hinein, genauso wie ihre Kinder es tun.

- **Die Beziehungen der Kinder verändern sich**

  Kindergartenkinder bauen Beziehungen zu anderen Kindern und zu neuen Bezugspersonen, den pädagogischen Fachkräften, auf. Diese neuen Beziehungen wirken sich auch auf die Beziehungen in der Familie aus. Durch eine immer stärkere Selbstständigkeit und Autonomie, die das Kind erlangt, verändern auch Eltern zwangsläufig ihre Beziehung zum Kind, indem sie diesen Prozess zulassen und unterstützen.

- **Das Kind wechselt täglich zwischen Tageseinrichtung und Familie**

  In der Tageseinrichtung kommen viele neue Aspekte auf das Kind zu. Da sind unbekannte, später vertraute Menschen, neue Räume, neue Regeln und andere Gewohnheiten als zu Hause vorzufinden. Kinder verlassen erstmals für längere Zeit ihre Familie und ihr Zuhause und begeben sich in eine neue Umgebung. Sie müssen erkennen, dass sie nun in einer größeren Gruppe agieren und nicht die exponierte Stellung wie in der Familie haben. Die Tageseinrichtung übernimmt für einen längeren Zeitraum am Tag die Betreuung, Pflege und Bildung der Kinder, ein Prozess, den auch Eltern erst einmal akzeptieren und zulassen müssen.

- **Ein Kindergartenkind zu werden ist eine emotionale Anstrengung**

  Zunächst einmal sind Kinder stolz, ein Kindergartenkind zu werden. Sie sind neugierig und können es kaum erwarten, dass endlich der erste Kindergartentag beginnt. Doch bei aller positiven Vorfreude auf diesen ersten Tag erleben Kinder in der konkreten Situation auch Gefühle wie Verlassenheit, Verlust und Abschied. Eine sich schnell aufbauende positive Beziehung zu den pädagogischen Fachkräften gibt den Kindern emotionale Sicherheit und Zutrauen, diesen Schritt gehen zu können. Ähnliche Unsicherheiten sind auch immer bei den Eltern zu erkennen, wenn sie wissen, dass es ihrem Kind schwerfällt, alleine in der Einrichtung zu bleiben. Pädagogische Fachkräfte müssen in solchen Situationen Eltern das Gefühl geben, dass das Kind bei ihnen in »guten Händen« ist.

  Für das optimale Gelingen des Übergangsprozesses können die pädagogischen Fachkräfte Unterstützung bieten bzw. das Thema Eingewöhnung in ihre Konzeption aufnehmen und ein Eingewöhnungsmodell beschreiben. Orientierung können dabei das Berliner Eingewöhnungsmodell (Braukhane & Knobeloch 2011) und das Münchener Eingewöhnungsmodell (Winner 2015) geben. Es gibt einige zentrale Aspekte, die auf jeden Fall berücksichtigt werden müssen. Ein Ort für die gemeinsame

Bearbeitung von Fragen, die sich daraus entwickeln, sind die Entwicklungsgespräche. In jedem Fall wird der Eingewöhnungsprozess von zwei Entwicklungsgesprächen begleitet, eines vor dem ersten Tag des Besuches einer Tageseinrichtung und eines nach sechs bis acht Wochen. Dabei sind die folgenden Aspekte zu berücksichtigen:

Entwicklungsgespräch vor der Aufnahme des Kindes

In vielen Fällen wissen pädagogische Fachkräfte noch zu wenig über die neuen Kinder. Der Austausch zwischen der Einrichtung und der Familie vor dem ersten Tag des Kindes in der Einrichtung ist oftmals sehr sporadisch oder es gibt ihn gar nicht. Die Lebensweisen der verschiedenen Familien sind den Einrichtungen häufig noch zu wenig bekannt. Deshalb ist ein erstes Entwicklungsgespräch vor der Aufnahme des Kindes mit den folgenden Schwerpunkten unumgänglich:

- Familien berichten über ihr Kind (siehe Checkliste),
- Familien berichten über ihre Familie (Familiensituation, Erwerbstätigkeit, Migrationserfahrungen, besondere Erziehungsvorstellungen aufgrund von Konfession, Familientradition etc.),
- Familien schildern ihre Vorstellung von der Eingewöhnungsphase, ihre Bedürfnisse und Gefühle,
- die pädagogische Fachkräfte stellen das Konzept der Eingewöhnung vor,
- Familien und pädagogische Fachkräfte entwickeln gemeinsam eine individuelle Eingewöhnung, die auf dem Einrichtungskonzept basiert.

Die Kinder werden an dem Aufnahmegespräch ihren Möglichkeiten entsprechend beteiligt. Sie können in einer altersgemäßen Form von den pädagogischen Fachkräfte oder von Eltern und Geschwistern in die Erzählungen zu den benannten Themen eingebunden werden. So besteht die Möglichkeit, auch Informationen aus der Sicht der Kinder (z.B. Wünsche, Vorstellungen, Sorgen) zu erhalten. Allerdings sollten die Kinder nicht während des gesamten Gespräches dabei sein.

Checkliste: Familien berichten über ihr Kind

Name des Kindes:	**Datum:**
Gesprächsteilnehmer:	
Sind bei Ihrem Kind chronische Krankheiten, Allergien oder sonstige Beeinträchtigungen bekannt? (Benötigt es Medikamente oder eine besondere Behandlung?)	
Welche Sprache wird in Ihrer Familie gesprochen?	
Mit welchen Familienmitgliedern lebt das Kind zusammen? Mit wem hat das Kind den meisten Kontakt?	

Checkliste: Familien berichten über ihr Kind

Gibt es weitere Bezugspersonen?	
Was spielt Ihr Kind gerne allein?	
Was spielt es gerne mit Ihnen?	
Zeigt Ihr Kind Interesse an: ◆ Sport und Bewegung, ◆ Malen und Basteln, ◆ Musik und Singen , ◆ Geschichten und Reimen, ◆ Bauen und Formen?	
Gibt es sonstige Themen, an denen Ihr Kind besonders interessiert ist?	
Wie geht Ihr Kind mit Wut um?	
Wie geht es mit Trauer um?	
Wie geht es mit Angst um?	
Gibt es Dinge, vor denen Ihr Kind offensichtlich Angst hat?	
Gibt es Spiele, Essen, Aktivitäten oder andere Dinge, mit denen Sie Ihrem Kind eine große Freude machen können?	
Hat Ihr Kind Kontakt zu Gleichaltrigen?	
Was spielt Ihr Kind gerne mit anderen Kindern?	

Checkliste: Familien berichten über ihr Kind	
Gibt es Themen, an denen Ihr Kind wenig Interesse zeigt?	
Wie würden Sie das Verhalten Ihres Kindes anderen gegenüber beschreiben?	
Wie geht Ihr Kind auf unbekannte Menschen zu (z. B. eher schüchtern, eher offen, eher ängstlich, eher vereinnahmend)?	
Wie ist das Schlafverhalten Ihres Kindes (Einschlafrituale, Schlafrhythmus)?	
Gibt es sonstige besondere Rituale im Tagesablauf Ihres Kindes?	
Wie ist das Essverhalten Ihres Kindes (Selbstständigkeit, Vorlieben, Abneigungen, Rituale)?	
Ergänzung für Familien mit Zuwanderungsgeschichte	
Gibt es bestimmte Ernährungsvorschriften, die in der Einrichtung beachtet werden müssen?	
Gibt es religiöse Vorschriften, auf die in der Einrichtung Rücksicht genommen werden sollte?	
Welche kulturellen oder religiösen Feste feiern Sie in der Familie (Bitte mit Datumsangabe)?	
Gibt es kulturelle Aspekte in Ihrer Familie, die für die Eingewöhnung in der Einrichtung wichtig sein könnten?	

Kinder lernen die Einrichtung vor der Aufnahme kennen

Der erste Kindergartentag muss kein Start ins Ungewisse sein. Wenn die Kinder vorher die Möglichkeit hatten, die Einrichtung alleine oder mit ihren Eltern zu besuchen, dann kommt ihnen später schon einiges bekannt vor. Sie kennen die Gruppenfachkraft, die Räume, die Materialien und möglicherweise auch schon einige Kinder. Zwar ist ihnen damit die Einrichtung noch nicht vertraut, aber immerhin kennen sie bereits einiges, und das erleichtert den Start. Dazu gehört auch, dass sich die pädagogischen Fachkräfte den Kindern schon einmal vorgestellt und von sich und der Gruppe berichtet haben.

Übergänge individuell gestalten

Dem Kind ist der Unterschied zwischen der Familie und der Einrichtung bewusst, es erlebt ihn jeden Tag. Deshalb ist es auch nicht förderlich, diese Unterschiede in den Lebenswelten zu verschleiern. Vielmehr geht es darum, mit den Verschiedenheiten positiv umzugehen und dem Kind zu zeigen, dass die Tageseinrichtung eine Reihe von interessanten Dingen zu bieten hat.

Dennoch bleibt der Übergang für alle Beteiligten eine Situation, die Stress erzeugt. Der Gestaltung des Übergangs kommt deshalb eine besondere Bedeutung zu. In verschiedenen Konzepten wurden Möglichkeiten zur Gestaltung von Übergängen vorgestellt (vgl. Braukhane & Knobeloch 2011; Winner 2015). Laewen, Andres und Hérdervári (2006) haben auch den Übergang für unter Dreijährige in Augenschein genommen. Eine individuelle Gestaltung des Übergangs macht es den Kindern und Familien leichter, dieses Ereignis positiv zu erleben. Individuelle Verabredungen über erste Besuchszeiten, die Begleitung der Familien und »Sonderregelungen« für die neuen Kinder erleichtern diesen Prozess. Dabei wird ein Beziehungsdreieck zwischen Kind, Eltern und pädagogischen Fachkräften aufgebaut, und eine bestimmte Fachkraft steht dem Kind dabei als erste Bezugsperson in der Kita zur Seite. Zunächst sind die Kinder nur eine kurze Zeit in der Einrichtung, in der Regel in Begleitung einer vertrauten Bezugsperson. Familien sind somit aktiv in den Eingewöhnungsprozess eingebunden. Aus diesem ziehen sich die Eltern dann Schritt für Schritt zurück, und das Kind wächst nach und nach in die neue Situation hinein. Mit dem Aufbau einer sicheren und gefestigten Beziehung des Kindes zur pädagogischen Fachkraft ist der Eingewöhnungsprozess normalerweise abgeschlossen. Nun kann das Kind den neuen Lebensraum erkunden und erschließen.

Begleitung des Übergangs durch Erziehungspartnerschaft

Neben der schriftlichen Information über die Bedeutung des Übergangs, einführenden Elternnachmittagen und -abenden, Vorträgen und Tür-und-Angel-Gesprächen ist es wichtig, schon frühzeitig die Weichen für einen inhaltlichen Austausch mit den Eltern zum Wohl des Kindes zu vereinbaren. Erziehungspartnerschaften sind eine Plattform, die einen intensiven Austausch zwischen den Familien, Kindern und pädagogischen Fachkräften ermöglicht.

Entwicklungsgespräch am Ende der Eingewöhnungsphase

Wann die Eingewöhnungsphase abgeschlossen ist, ist von Kind zu Kind, von Familie zu Familie unterschiedlich. Die pädagogischen Fachkräfte sind die Profis, die diesen Meilenstein am besten beurteilen können. Deshalb ist es auch die Aufgabe der Fachkraft, ein für die Eingewöhnungsphase abschließendes Entwicklungsgespräch zu planen und durchzuführen.

Pädagogische Fachkräfte haben in der Eingewöhnungsphase die Aufgabe, die neuen Kinder zu beobachten und sich ein erstes Bild von ihnen zu machen. Das Wissen über die Kinder dient als Quelle für das nächste Entwicklungsgespräch (siehe Checkliste, Seite 38 ff.). In diesem Gespräch stehen die folgenden Themen im Mittelpunkt:

- Wie hat das Kind den Prozess bewältigt?
- Hat das Kind erste Kontakte zu anderen Kindern aufgebaut?
- Hat das Kind Kontakte zu den pädagogischen Fachkräften aufgebaut?
- Was und womit spielt das Kind?

- Ist das Kind sozial und emotional in der Gruppe gefestigt?
- Wie haben die Eltern den Prozess bewältigt?
- Wie zufrieden sind die Familien mit der Eingewöhnungsphase?
- Was hätten sie gerne anders gehabt?
- An welchen Punkten war die Unterstützung hilfreich?
- Über welche Kompetenzen verfügt das Kind bereits und welche Förderung benötigt es?

Checkliste: Entwicklungsgespräch mit den Eltern zum Ende der Eingewöhnungszeit

Name des Kindes:	**Datum:**
Gesprächsteilnehmer:	
Eltern	
Beschreiben Sie kurz, wie sich Ihr Kind in der Trennungsphase von Ihnen verhalten hat. Was ist Ihnen aufgefallen? Wie hat sich das Verhalten geändert?	
Beschreiben Sie kurz, wie Sie sich in der Trennungsphase gefühlt haben. Was fiel Ihnen schwer? Was gelang einfach?	
Gab es für Sie problematische Situationen in der Eingewöhnungsphase? Bitte beschreiben Sie die Situationen. Haben sich die Probleme gelöst?	
Hat Ihr Kind erste Kontakte zu anderen Kindern aufgebaut?	
Erzählt Ihr Kind von der Kita? Bitte beschreiben Sie kurz, was Ihr Kind berichtet.	
Können Sie bereits erste Neigungen, Interessen und Wünsche erkennen, die Ihr Kind in der Kita neu entwickelt hat? Bitte nennen Sie Beispiele.	

Checkliste: Entwicklungsgespräch mit den Eltern zum Ende der Eingewöhnungszeit	
Hat sich Ihr Kind in der Eingewöhnungsphase im Verhalten oder in seinen Interessen zu Hause verändert?	
Hat sich das Verhalten Ihres Kindes gegenüber anderen Kindern verändert? Bitte nennen Sie Beispiele.	
Hat Ihr Kind in der Eingewöhnung neue Fähigkeiten und Fertigkeiten erworben?	
Wirkt Ihr Kind »stärker« und »selbstsicherer« als vor der Kita-Zeit? Bitte beschreiben Sie Ihr Kind kurz.	
Pädagogische Fachkräfte	
Beschreiben Sie kurz, wie sich das Kind in der Trennungsphase von den Eltern verhalten hat. Wie hat sich sein Verhalten geändert?	
Beschreiben Sie kurz, wie die Eltern sich während der Trennungsphase verhalten haben. Beschreiben Sie, wie sich das Verhalten der Eltern verändert hat.	
Gab es problematische Situationen in der Eingewöhnungsphase? Beschreiben Sie diese. Haben sich die Probleme gelöst?	
Hat das Kind erste Kontakte zu anderen Kindern aufgebaut? Zu welchen Kindern?	
Hat das Kind Kontakte zu den pädagogischen Fachkräften aufgebaut?	
Welche Spiele spielt das Kind in der Einrichtung?	

Checkliste: Entwicklungsgespräch mit den Eltern zum Ende der Eingewöhnungszeit	
Mit welchen Materialien und Spielsachen beschäftigt sich das Kind?	
Lassen sich bereits erste Neigungen, Interessen und Wünsche erkennen? Beschreiben Sie diese kurz.	
Ist das Kind am Ende der Eingewöhnungsphase sozial und emotional in der Gruppe gefestigt? Beschreiben Sie kurz das Kind.	
Über welche Kompetenzen verfügt das Kind bereits, und welche Förderung benötigt das Kind? Beschreiben Sie kurz, welche Aktivitäten für das Kind in den nächsten Wochen geplant sind.	

Der Übergang von der Tageseinrichtung in die Grundschule

Gegen Ende der Kindergartenzeit wird ein neuer Übergang immer bedeutender für die Kinder und ihre Familien – der Wechsel in die Grundschule. Die Kinder sind in aller Regel sehr aufgeregt und neugierig, was dort alles Neues auf sie zukommen wird, aber auch die Eltern müssen sich mit der neuen Situation auseinandersetzen.

Die Fragen und die Bewältigungsaufgaben, die den Übergang begleiten, sind inhaltlich die Gleichen wie beim Übergang von der Familie in die Tageseinrichtung. Da die Kinder nun aber die Einrichtung verlassen und in einem neuen sozialen System – nämlich der Grundschule – ankommen sollen, sehen die Aufgaben der pädagogischen Fachkräfte, Grundschullehrkräfte und Familien ein wenig anders aus.

Entwicklungsgespräch im letzten Kindergartenjahr

In vielen Einrichtungen besuchen die Kinder in ihrem letzten Kindergartenjahr eine »Vorschulgruppe«. Zwar ist der Form nach klar, dass diese Gruppe für die »Vorschulkinder« gedacht ist, dennoch gibt es keine einheitlichen Inhalte für die Arbeit mit diesen Gruppen. Im Sinne einer kindorientierten Übergangsbegleitung ist es durchaus wünschenswert, den Kindern besondere Aufmerksamkeit zu schenken. Es müssen viele Kompetenzen entwickelt und gefestigt werden, damit den Kindern der Übergang in die Grundschule gut gelingen kann.

Deshalb ist es notwendig, ein Entwicklungsgespräch zu führen, in dem sich pädagogische Fachkräfte und Familien gemeinsam über den nun anstehenden Prozess austauschen und eine Zielvereinbarung darüber abschließen.

Kinder sind aktive Lerner

Kinder sind aktive Lerner, die das Bedürfnis haben, selbstständig tätig zu sein und die Welt eigenständig zu entdecken. Sie erwerben dabei neue Kompetenzen und erweitern ihr Wissen. Die Kinder benötigen dazu aber auch verlässliche Interaktions- und Kommunikationspartner. Emotionale Sicherheit und Zuwendung sowie eine verlässliche Umgebung sind die Basis für Lernprozesse und die Entwicklung von Identität.

Das bedeutet, dass der Übergang in die Grundschule durch einen dialogischen Prozess mit Familien, Kindern und pädagogischen Fachkräften begleitet werden muss. Diese Sicht auf das Kind geht von einem kompetenten Kind aus und weist ihm eine aktive gestaltende Rolle in den eigenen Bildungs- und Interaktionsprozessen sowie bei der Gestaltung des Übergangs zu.

Das Kind steht im Mittelpunkt

Die zentralen Akteure im Übergang von der Tageseinrichtung in die Grundschule sind die Kinder. Sie müssen die Veränderungen bewältigen. Familien und pädagogische Fachkräfte unterstützen die Kinder durch ihr Handeln darin. Dazu gehören aber nicht nur die emotionale Zuwendung und Stärkung, sondern auch die Vorbereitung auf das noch Unbekannte, indem das Kind mit dem neuen System und den neuen Anforderungen vertraut gemacht wird. Im Gegensatz zu den pädagogischen Fachkräften und möglichweise auch den Familien erleben die Kinder diesen Übergang nur einmal. Die pädagogischen Fachkräfte haben in ihrer beruflichen Praxis diesen Prozess schon mehrmals begleitet, Eltern den Übergang möglicherweise bereits mit einem älteren Geschwisterkind erlebt und dabei ebenfalls Erfahrungen gemacht, die jetzt von Vorteil sind.

Kompetenzen aufbauen

Die Begleitung der Kinder beginnt mit dem ersten Tag des Besuchs einer Tageseinrichtung und hat einen flexiblen Abschluss. Abgeschlossen ist der Übergang in die Grundschule erst dann, wenn das Kind die Identifikation als Schulkind vollzogen hat. Die Bewältigung und somit auch der Abschluss des Prozesses sind individuell. Es lassen sich folgende Anforderungen an werdende Schulkinder beschreiben:

Auf der individuellen Ebene ist die Balancierung der sozial-emotionalen Befindlichkeit eine herausfordernde Aufgabe. Die Kinder müssen mit Trauer, Freude, Neugierde, Stress und den Erwartungshaltungen anderer umgehen. Sie erweitern darüber hinaus ihre Kompetenzen und erwerben neue, wie zum Beispiel Selbstständigkeit oder bestimmte Lern- und Kulturtechniken. Ihre Identität verändert sich mit der Wandlung vom Kindergartenkind zum Schulkind.

Auf der interaktionalen Ebene sind vor allem der Aufbau neuer Beziehungen mit Lehrkräften und anderen Kindern, das Zurücklassen alter Bezugspersonen, insbesondere der Gruppenfachkraft und der Kinder der Gruppe, sowie die Veränderungen der Beziehungen innerhalb der Familien zu nennen.

Der Wechsel zwischen den Betreuungs- und Bildungseinrichtungen in der frühen Kindheit bedarf einer hohen Sensibilität aller beteiligten Personen. Individuelle Erfahrungen, Kompetenzen und Einstellungen der Kinder haben maßgeblichen Anteil an der Bewältigung des Übergangs.

Darüber hinaus sind eine positive Grundeinstellung, soziale und emotionale Fertigkeiten wie Kooperationsbereitschaft, Kontaktfreudigkeit, Hilfsbereitschaft, Konfliktlösungsstrategien, ein starkes Selbstwertgefühl sowie eine ausgeprägte Identität Kompetenzen und Voraussetzungen, die den Übergang leichter gelingen lassen.

Für das Entwicklungsgespräch im letzten Kindergartenjahr ergeben sich daraus folgende Inhalte:

- Pädagogische Fachkräfte stellen den Familien die Bedeutsamkeit des Prozesses vor.
- Pädagogische Fachkräfte entwickeln gemeinsam mit den Familien eine Strategie für das Kind.
- Pädagogische Fachkräfte und Familien tauschen sich über die Stärken und Schwächen des Kindes aus und benennen ausgeprägte Kompetenzen und Förderbedarfe.
- Pädagogische Fachkräfte und Familien besprechen die Vorstellungen, die die Eltern von ihrem Kind als Schulkind haben.
- Pädagogische Fachkräfte stellen den Familien die verschiedenen Grundschulen vor.
- Pädagogische Fachkräfte und Familien vereinbaren Ziele, die sie erreichen möchten.
- Pädagogische Fachkräfte und Familien unterhalten sich mit dem Kind über seine Vorstellungen, Gefühle und Interessen hinsichtlich der Schule.
- Pädagogische Fachkräfte stellen den Familien ihr Konzept bzw. ihr pädagogisches Modell fur den Übergang vor.

Checkliste: Entwicklungsgespräch mit den Eltern zum Übergang in die Grundschule

Name des Kindes:	**Datum:**
Gesprächsteilnehmer:	
Eltern	
Reden Sie mit Ihrem Kind darüber, dass es bald ein Schulkind sein wird? Beschreiben Sie kurz den Inhalt der Gespräche.	
Wie ist Ihre Einschätzung: Freut sich Ihr Kind auf die Schule? Nennen Sie einige Beispiele.	
Was tut Ihrer Meinung nach der Kindergarten dafür, dass Ihr Kind gut auf die Schule vorbereitet ist?	
Was sollte der Kindergarten Ihrer Meinung nach darüber hinaus für eine gute Vorbereitung tun?	
Welche Fähigkeiten bräuchte Ihr Kind noch für einen guten Schulstart?	
Fühlen Sie sich als Eltern gut vorbereitet auf den Schulstart Ihres Kindes?	
Pädagogische Fachkräfte	
Beschreiben Sie kurz, wie sich das Kind verändert hat, seitdem es ein »Vorschulkind« geworden ist.	
Gibt es Themen, mit denen sich das Kind, bezogen auf die Schule, intensiv beschäftigt? Beschreiben Sie diese kurz.	
Setzt sich das Kind mit seiner Rolle als baldiges »Schulkind« auseinander? Beschreiben Sie kurz, auf welche Weise.	

Checkliste: Entwicklungsgespräch mit den Eltern zum Übergang in die Grundschule

Kennt das Kind schon seine Grundschule? Wenn nein, warum nicht?	
Kennt das Kind schon seinen Grundschullehrer bzw. seine -lehrerin?	
Was sind Ihre Planungen für die Begleitung des Kindes im Übergang zur Grundschule?	
Was könnte dem Kind helfen, den Übergang gut zu bewältigen?	
Gibt es ansonsten Punkte, die wichtig zu besprechen wären? Beschreiben Sie diese kurz.	
Ist das Kind emotional gut auf den Übergang in die Grundschule vorbereitet? Bitte beschreiben Sie kurz.	

Abschließendes Reflexionsgespräch zwischen Familien und pädagogischen Fachkräften

Am Ende der Kindergartenzeit sollte es zwischen den Familien und den pädagogischen Fachkräften ein abschließendes Reflexionsgespräch geben. Dabei steht die Reflexion der Kindergartenzeit im Mittelpunkt. Den pädagogischen Fachkräften ermöglicht dieses Reflexionsgespräch den Abgleich zwischen den angestrebten Zielen, den getroffenen Zielvereinbarungen mit den Familien und dem Feedback durch die Familien. Aus solchen Informationen lassen sich Impulse zur Weiterentwicklung von Konzepten ableiten und durchaus auch Bestätigung der geleisteten Arbeit finden. Einrichtungen, die mit Portfolios arbeiten, können anhand dieser Dokumentation auch sehr schön die Entwicklung des Kindes über die Zeit nachverfolgen und mit den Familien besprechen.

Für die Familien ist das abschließende Gespräch wortwörtlich ein Abschluss. Sie haben die Möglichkeit, noch einmal mit den pädagogischen Fachkräften gemeinsam zurückzuschauen und durch Feedback Impulse zu geben und Lob auszusprechen.

1.2.5 Führung von Entwicklungsgesprächen

Bildungs- und Erziehungspartnerschaft beruht unter anderem auf gegenseitiger Wertschätzung, Verstehen und Vertrauen. Sie entwickelt sich in vielen Schritten, die durch konkrete Signale und Handlungen ausgedrückt werden. Signale werden hier in erster Linie durch die Art des Umgangs miteinander gesendet. Höflich und freundlich zu bleiben, auch in schwierigen Gesprächssituationen, dazu hat jede pädagogische Fachkraft im Laufe der Zeit ihre Methoden und Techniken entwickelt. In Entwicklungsgesprächen geht es darum, eine Haltung anzunehmen und Signale zu senden, die einen Dialog auf Augenhöhe ermöglichen. Hier gibt es Methoden und Techniken, die gezielt eingesetzt werden können.

Gesprächshaltung und -techniken

Sowohl die innere als auch die äußere Haltung sollen Offenheit und Zugewandtheit signalisieren. Wenn Aussagen und Verhalten übereinstimmen, wirkt eine Person authentisch. Akzeptanz und Empathie sollten im Gespräch vermittelt werden.

- **Offene Fragen stellen**

  Im Gegensatz zu geschlossenen (Ja-Nein-)Fragen geben offene Fragen dem Gesprächspartner Gelegenheit, eigene Sichtweisen, Anliegen, Gedanken zu formulieren. Sie zeigen ihm, dass seine Meinung von Bedeutung ist und bieten außerdem Gelegenheit, sich in den Gesprächspartner einzufühlen.

- **Aktives Zuhören**

  Beim aktiven Zuhören zeigt man dem Gesprächspartner, dass man aufmerksam und interessiert ist. Inhalte aus dem Gespräch werden dabei gespiegelt. Die Aussagen des Gesprächspartners werden wiederholt oder mit eigenen Worten wiedergegeben. Das regt die Mitteilung von Gedanken, Ideen und Wünschen an. Dabei können auch emotionale Erlebnisinhalte verbalisiert werden, das heißt, man versucht, Gefühle zu benennen, die der Gesprächspartner in Bezug auf eine von ihm beschriebene Situation hat. Die Chance, dass sich der Gesprächspartner dadurch verstanden und mit seinen Gefühlen ernst genommen fühlt, ist sehr groß.

- **Ich-Botschaften formulieren**

  Die Äußerung von Meinungen und Beobachtungen findet in der Ich-Form statt. »Ich habe beobachtet, dass … und ich bin der Meinung …«, nicht: »Man konnte beobachten, dass … und wir sind der Meinung …« Subjektive Formulierungen befinden sich nah an der Person und stellen so auch eine Nähe zum Gesprächspartner her. Verallgemeinerungen können zerstreuend wirken und sogar Blockaden aufbauen.

  Des Weiteren sind Ich-Botschaften eine gute Möglichkeit, um mit Konfliktsituationen umzugehen und Schuldzuweisungen zu vermeiden. Folgende drei Schritte sind dabei maßgeblich:

1. Situation beschreiben,
2. eigene Gefühle zur Situation äußern,
3. die Auswirkung der Situation benennen.

Der Gesprächsort

Wertschätzung, die der Familie entgegengebracht wird, kommt auch im äußeren Rahmen zum Ausdruck. Es empfiehlt sich daher, einen Ort zu wählen oder einzurichten, der folgende Kriterien erfüllt:

- Der Raum sollte freundlich, hell, sauber und angenehm temperiert sein.
- Die beteiligten Personen können bequem beieinander sitzen und sitzen sich nicht gegenüber (ein Schreibtisch ist daher ungeeignet).
- Es sollte ersichtlich sein, dass der Tisch eigens für das Gespräch vorbereitet wurde; bis auf alle benötigten Unterlagen, Getränke und eventuell eine dezente Tischdekoration befindet sich nichts Weiteres auf dem Tisch.
- Im Vorfeld wird dafür gesorgt, dass keine Störungen auftreten, zum Beispiel durch Telefonanrufe oder andere Personen.

Die Gesprächsvorbereitung

Ein Gespräch kann nur so gut sein wie die Vorbereitung darauf. Es kann nur dann gelingen, wenn Struktur und Ziel im Vorfeld formuliert sind und Arbeitsschritte und Inhalt klar benannt werden können.

Ablauf des Entwicklungsgespräches

In einem Entwicklungsgespräch sollte, trotz klarer Strukturierung, flexibel auf Bedarfe eingegangen werden können, die sich während des Gespräches ergeben. Auch wird dafür gesorgt, dass es einen »Fahrplan« gibt, der aber nicht auf Kosten einer vertraulichen Gesprächsatmosphäre zwanghaft eingehalten werden muss. Im Fokus stehen Fragen und Themen, die für die optimale Förderung des Kindes wichtig sind. Ein »Small Talk« zu Beginn des Gespräches kann Spannungen lösen und zu einer aufgelockerten Atmosphäre beitragen.

Das eigentliche Gespräch beginnt mit einer Gesprächsvereinbarung, in der Absprachen zu folgenden Punkten getroffen werden:

- Das Ziel des Gespräches wird klar benannt. Es sollen Zielvereinbarungen für Maßnahmen zur individuellen Förderung des Kindes getroffen werden.
- Der zeitliche Rahmen wird festgelegt.
- Das Thema des Gespräches wird benannt, sodass die Gesprächsteilnehmer wissen, worüber geredet wird (über das Kind) und worüber nicht (z. B. über ein bevorstehendes Fest).

Sinn dieser Vereinbarung ist es vor allem, den Gesprächspartnern zu erleichtern, beim Thema zu bleiben, eine Übereinstimmung in den Erwartungen herzustellen und gemeinsame Ziele im Augenmerk zu behalten.

Sind diese Vorbereitungen getroffen, erfolgt das weitere Gespräch in den drei Phasen:

1. Reflexion
2. Analyse
3. Förderung (die Zielvereinbarungen werden schriftlich auf dem Formular »Zielvereinbarungen zwischen Familien und pädagogischen Fachkräften zur individuellen Förderung des Kindes«, Seite 88 f., festgehalten).

Zum Gesprächsabschluss findet eine gemeinsame Reflexion unter den folgenden Fragestellungen statt:

- Wurden die Gesprächsziele erreicht?
- War der gewählte zeitliche Rahmen ausreichend?
- Wurden die Erwartungen der Beteiligten im Hinblick auf die Inhalte erfüllt?

Die Nachbereitung des Gespräches durch die pädagogische Fachkraft

Die Nachbereitung des Gespräches erfolgt in zwei Phasen:

- **1. Vorbereitung der Umsetzung von Zielvereinbarungen**
  Das Formular für Zielvereinbarungen mit Familien (siehe Seite 88 f.) wird ausgefüllt, sodass die notwendigen Schritte zur Umsetzung eingeleitet werden können.

- **2. Reflexion des Gespräches**
  Hier beleuchtet die pädagogische Fachkraft vor allem das eigene Handeln, um Anhaltspunkte für Verbesserungsnotwendigkeiten und -möglichkeiten zu erhalten. Die Reflexion kann in Form eines Gedächtnisprotokolls oder einer Stichwortliste niedergeschrieben werden und folgende Aspekte beinhalten:

- Benennung der eigenen Gefühle vor, während und nach dem Gespräch (z. B. motiviert, ausgelaugt, erleichtert, verunsichert …)
- Wahrnehmung der eigenen Person während des Gespräches (Gesprächstechnik, Verhalten, Erwartungen, Blockaden …)
- Wahrnehmung der Gesprächspartner (Verhalten, Widerstände, »Eisbrecher« …)
- Wahrnehmung der Interaktion (Beziehungsebene, Aspekt der Partnerschaft, Gesprächsverlauf, Unsicherheiten …)

Das Protokoll kann sowohl der persönlichen Vorbereitung auf weitere Gespräche als auch zur kollegialen Beratung dienen.

1.2.6 Einbeziehung der Kinder in Entwicklungsgespräche

Im Sinne der kindorientierten Pädagogik sollten Kinder in alle sie betreffenden Fragen ihrer Entwicklung angemessen einbezogen werden. Die Inhalte der Entwicklungsgespräche betreffen die Kinder in einer intensiven Weise. In den Entwicklungsgesprächen wird nicht nur Vergangenes reflektiert, sondern es werden auch für die Zukunft Förderangebote und interessante Projekte geplant. Kinder sollten generell die Möglichkeit haben, sich an der Reflexion über Lerninhalte, -strategien und -ziele ebenso zu beteiligen wie an der Frage, welche Inhalte in Zukunft relevant sind. Dazu bieten sich im Wesentlichen drei verschiedene Zugänge an:

Das Zwei-Parteien-Gespräch

Das Zwei-Parteien-Gespräch findet zwischen zwei Parteien bzw. Beteiligten statt. In diesem Fall ist die eine Partei die pädagogische Fachkraft, die andere Partei das Kind. Das Wort Partei darf hier nicht als Interessengruppe verstanden werden, die gegenüber der anderen Partei etwas durchsetzen möchte. Vielmehr ist der interaktionistische und kommunikative Charakter des Treffens der beiden Parteien herauszustellen. Pädagogische Fachkräfte und Kinder unterhalten sich gemeinsam über die Kompetenzen, Interessen, Wünsche, Bedürfnisse, Gefühle und Meinungen der Kinder. Die Fachkräfte bereiten diese Gespräche systematisch vor und führen sie regelmäßig durch. Die Zwei-Parteien-Gespräche sollten systematisch geplant zweimal im Jahr stattfinden.

Das Drei-Parteien-Gespräch

Beim Drei-Parteien-Gespräch setzen sich die Familien, die pädagogischen Fachkräfte und die Kinder gemeinsam zusammen, um sich über das Kind, die Familie und die Einrichtung auszutauschen. Hierbei ist es wichtig, dass das Kind in diesem Rahmen die Möglichkeit hat, sich über seine aktuelle »Lebenslage« mit der pädagogischen Fachkraft und seiner Familie auszutauschen. In diesen Gesprächen werden keine Inhalte unter den Familien und den pädagogischen Fachkräften verhandelt, die das Kind nicht verstehen kann oder »über« das Kind handeln. Die Sichtweise des Kindes steht im Vordergrund; Familie und pädagogische Fachkraft stehen ihm dabei als Gesprächspartner zur Verfügung. Sie geben auch direkte Impulse im Gespräch, indem sie damit das Kind direkt ansprechen und nicht gemeinsam »über das Kind« reden. Drei-Parteien-Gespräche sollten nach Bedarf stattfinden, also immer dann, wenn die aktuelle Lebenslage des Kindes dies erfordert, mindestens aber jedoch einmal im Jahr.

Beteiligung der Kinder an der Dokumentation

Eine gute Möglichkeit, die Kinder an der Dokumentation zu beteiligen, bietet das Portfolio, das im Folgenden vorgestellt wird.

1.2.7 Quelle und Dokumentation von Entwicklungsgesprächen: Das Portfolio

Für die Vorbereitung eines Entwicklungsgespräches ist es notwendig, vorhandene Informationen über das Kind und seine Familie nutzen zu können. In der Regel liegen diese Informationen als schriftliche Aufzeichnungen vor, also als Dokumentation. Die Entwicklungsgespräche selbst müssen ebenfalls protokolliert werden. Dabei ist es wichtig, dass auch die vereinbarten Ziele – in Form der Zielvereinbarung (siehe Seite 88 f.) – schriftlich vorliegen. Der Prozess der individuellen Förderung, der sich aus den Zielvereinbarungen ergibt, wird ebenfalls festgehalten und dient für ein folgendes Entwicklungsgespräch als Überprüfungsmöglichkeit der Zielerreichung.

Aber nicht jede Dokumentation ist gleich hilfreich. Es gibt sehr große Unterschiede. Eine sehr gut geeignete Methode, die vielfältigen Aspekte der Förderung eines Kindes zu dokumentieren und ein umfassendes Bild des Kindes in seinen sozialen Bezügen herzustellen, bietet das Portfolio. Das Portfolio eignet sich auch ausgezeichnet, um Inhalte von Entwicklungsgesprächen vor- und nachzubereiten (vgl. Groot-Wilken 2008).

Im pädagogischen Bereich versteht man unter einem Portfolio eine Mappe, in der Dokumente wie zum Beispiel persönliche Arbeiten, Zertifikate, Beobachtungen und Analysen zusammengetragen und aufbewahrt werden. Mithilfe der Aufzeichnungen im Portfolio können Lerninhalte sowie Lernstrategien und -ziele entwickelt werden. Zudem ermöglicht die Arbeit mit dem Portfolio die Reflexion und Evaluation von Lerninhalten und -erfahrungen der Kinder.

Übertragen auf die pädagogische Arbeit mit Kindern in Tageseinrichtungen meint Portfolio die systematische Dokumentation von sozialen, emotionalen und kognitiven Fähigkeiten und Fertigkeiten. Aber nicht nur die pädagogischen Fachkräfte als professionelle Begleiter der Kinder, auch die Kinder selbst dokumentieren ihre Entwicklung, ihre Kompetenzen, Interessen und Vorstellungen, ihrem Alter entsprechend.

Die Vorteile eines Portfolios

Der Vorteil eines Portfolios besteht in der methodischen Vielfalt der gesammelten und angefertigten Dokumentationen, die den pädagogischen Fachkräften aus verschiedenen Perspektiven ein umfassendes Bild über die Entwicklung der Kinder gibt. Mithilfe des Portfolios können so entsprechende Lernumgebungen gestaltet und individuelle Lernstrategien entwickelt werden. Portfolios liefern eine Reihe von Informationen, die für die Planung der pädagogischen Arbeit wichtig sind. Es finden sich Informationen zu den einzelnen Kindern, ihren Fähigkeiten und Fertigkeiten, Interessen und Bedürfnissen, es finden sich Hinweise zur kindlichen Entwicklung allgemein, und nicht zuletzt zeigen Portfolios die unterschiedlichen Stärken und Bedürfnisse einzelner Kinder auf, was das Verständnis für kulturelle Vielfalt stärkt.

Damit der Einsatz eines Portfolios Anreize und Hilfestellungen für die Entwicklung pädagogischer Prozesse und Aktivitäten geben kann und sich Planung effizient und effektiv gestalten lässt, müssen einige Voraussetzung erfüllt sein. Die pädagogischen Fachkräfte machen es sich zur Aufgabe,

- die Kinder systematisch und kontinuierlich zu beobachten,
- systematisch und kontinuierlich mit Familien bzw. Erziehungsberechtigten zu kooperieren,
- unterschiedliche Methoden der Dokumentation einzusetzen,
- in einem kontinuierlichen Reflexionsprozess der eigenen Arbeit und der Teamarbeit zu stehen und
- neben der Vermittlung von Weltwissen und sozialem Wissen Selbstbildungsprozesse sowie Reflexionen über Lernstrategien, -inhalte und -ziele gemeinsam mit den Kindern zu thematisieren.

Pädagogische Fachkräfte, die mit Portfolios arbeiten, werden angeregt, ihre professionelle Haltung zu reflektieren und in einem stetigen Lernprozess immer wieder zu modifizieren und anzupassen. Die Dokumente eines Portfolios spiegeln stets auch die eigene pädagogische Arbeit und die des gesamten Teams wider. Selbstbildungsprozesse sowie Reflexionen über Lernstrategien, -inhalte und -ziele sind wichtige Bestandteile frühkindlicher Bildungsprozesse. Kinder sollten schon in Tageseinrichtungen lernen, ihre eigenen Interessen zu erkennen und Lösungen für Probleme zu finden. Die pädagogischen Fachkräfte begleiten und unterstützen die Kinder bei der Suche nach »eigenen Wegen«.

Abschließend lässt sich feststellen: Portfolios enthalten wichtige Informationen über die Kinder, die für die Planung pädagogischer Prozesse und Aktivitäten grundlegend und hilfreich sind. So kann die Lernumgebung derart beeinflusst werden, dass eine optimale Förderung von Kindern in Tageseinrichtungen gewährleistet ist. Darüber hinaus unterstützen Portfolios auch den professionellen Entwicklungsprozess von pädagogischen Fachkräften und Teams.

Drei Portfolioarten

Das **private Portfolio** ist dadurch gekennzeichnet, dass es vertrauliche Informationen über Kinder und ihre Familien beinhaltet. Die pädagogischen Fachkräfte zeichnen wichtige Informationen über die Kinder und ihre Familien auf, wie zum Beispiel Entwicklungsverläufe, Spielthemen und -partner, Aktivitäten oder soziales Verhalten in der Gruppe. Diese Aufzeichnungen werden separat aufbewahrt und sind für Dritte nicht zugänglich. Sie dienen der Fachkraft als Gedächtnisstütze und als Hilfe bei der Planung und Umsetzung von pädagogischen Prozessen und Aktivitäten. Die Informationen werden auch bei der Durchführung von Entwicklungsgesprächen eingesetzt.

Eine zweite Portfolioart ist das **Lernportfolio**. Das wichtigste Element des Lernportfolios bildet das Lerntagebuch. In ihm schreibt das Kind (bzw. die pädagogische Fachkraft für das Kind) über seine Gedanken und Gefühle in einem kontinuierlichen Prozess. Im Lernportfolio finden sich auch Notizen, Pläne, Entwürfe, Skizzen und Arbeitsproben der Kinder.

Im **Präsentationsportfolio** werden zentrale Arbeitsproben des Kindes gesammelt, die die wesentlichen Informationen hinsichtlich der Entwicklung, der Kompetenzen, Interessen und Themen darstellen. Dieses Portfolio dient dazu, Dritten das Kind vorzustellen. Die Auswahl der Arbeitsproben ermöglicht dem Betrachter, ein umfassendes Bild über das Kind zu entwickeln. Je älter die Kinder sind, desto stärker werden sie in die Auswahl der Arbeitsproben für das Präsentationsportfolio einbezogen.

Elemente des Portfolios

Portfolios beschreiben ganz individuell einzelne Kinder und somit immer auch deren individuelle Lernaktivitäten. Zwar sind Portfolios in ihrer Struktur sehr ähnlich, die Elemente sind immer die gleichen. Dennoch wäre es nicht sinnvoll, ein Musterportfolio zu erarbeiten, das nach einem bestimmten Schema auf alle Kinder übertragen wird. Vielmehr sollten sich pädagogische Fachkräfte von der Geschichte der Kinder inspirieren lassen und, basierend darauf, eine gezielte Zusammenstellung erarbeiten. Im Folgenden sind einige zentrale Formen der Dokumentation im Portfolio beschrieben.

- **Arbeitsproben der Kinder**

  Die Arbeitsproben sind, sowohl in der Art als auch in der Quantität, je nach Kind sehr unterschiedlich. Am häufigsten finden sich Zeichnungen, Gemälde und Skulpturen verschiedenster Form. Die kontinuierliche Sammlung dieser authentischen Dokumente, vom ersten bis zum letzten Tag des Besuches einer Tageseinrichtung, bietet ein hohes Maß an Informationen über den Entwicklungsverlauf. Zu den Arbeitsproben der Kinder gehören aber auch erste Schreibversuche oder den pädagogischen Fachkräften diktierte Texte. Auf diese Weise werden neben der Dokumentation von gestalterischen und feinmotorischen Kompetenzen auch die sprachlichen und literarischen Fähigkeiten und Fertigkeiten festgehalten. Alle Arbeitsproben sollten immer einen kurzen Kommentar der pädagogischen Fachkraft enthalten, damit sie für spätere Analysen nutzbar sind.

- **Fotos**

  Ein weiterer wichtiger Bestandteil von Portfolios sind Fotos. Fotos dokumentieren Handlungen, Aktivitäten und Tätigkeiten auf eine besondere Art. Sie geben einen punktuellen Einblick in Aktivitäten, die nicht durch Arbeitsproben dokumentierbar sind, das kann zum Beispiel ein Besuch bei der Feuerwehr sein oder dreidimensionale Werke der Kinder. Mit Fotos lassen sich auch die verschiedenen Entwicklungsstadien einer Einzel- oder Gruppenarbeit festhalten; sie dienen außerdem der Illustration von Informations- und Beobachtungsaufzeichnungen.

- **Lerntagebücher**

  Bei der Beschäftigung mit Lerntagebüchern lernen Kinder, ihre eigenen Lernziele zu bestimmen und ihre Lernaktivitäten selbstständig zu planen. In ihnen beschreiben bzw. malen Kinder alles, was sie interessiert und beschäftigt. Das können Fragen zum Leben, zur Natur, zu technischen Abläufen, aber auch zu Formen und Farben oder zu Sportarten sein. Die Nutzung von Lerntagebüchern stellt eine gute Basis für selbstinitiiertes und selbstgesteuertes Lernen dar.

- **Aufzeichnungen der pädagogischen Fachkräfte**

  Pädagogische Fachkräfte machen sich kontinuierlich Notizen über die Entwicklung, die Kompetenzen, das Verhalten der Kinder und über Situationen im Alltag. Kontinuierliche Beobachtungen werden systematisch aufgezeichnet und dienen als wesentliche Informationsquelle für die Planung und Durchführung von Entwicklungsgesprächen. Hier können sich sehr unterschiedliche Formen der Dokumentation wiederfinden: Karteikarten, Ankreuztabellen, Tagebücher, Entwicklungstexte etc.

◆ **Audio- und Videosequenzen**

Ton- und Bildmaterialien geben den pädagogischen Fachkräften einen lebendigen Einblick in das Handeln von Kindern. Hier werden zum Beispiel Spielsituationen, Gespräche oder auch Konflikte festgehalten, die einen großen Fundus an Informationen bieten und sehr ergiebig für Entwicklungsgespräche sein können, da Eltern ihre Kinder so auch in der Tageseinrichtung »erleben« können. Kinder können anhand solcher Dokumentationsformen ihre eigene »Veränderung« lebendig miterleben, indem sie sich ihre eigenen Mitschnitte anhören bzw. anschauen.

◆ **Checklisten**

Eine Reihe von pädagogischen Fachkräften arbeitet mit Beobachtungschecklisten, wie zum Beispiel dem Gelsenkirchener-Entwicklungsbegleiter oder der Leuvener Engagiertheitsskala. Diese Instrumente unterstützen die Planung der pädagogischen Arbeit jeweils hinsichtlich der in ihnen beschriebenen Fragestellung und systematisieren somit die Dokumentation über einzelne Kinder.

Der Einsatz des Portfolios

Wer mit dem Portfolio arbeiten möchte, sollte damit schrittweise beginnen. Ein Portfolio ist eine sehr dynamische und individuelle Form der Entwicklungs- und Lerndokumentation. Sie gestaltet sich für jedes Kind mit seinen Ausprägungen unterschiedlich, auch wenn die gleichen Dokumentationselemente benutzt werden.

Pädagogische Fachkräfte können zunächst damit beginnen, Arbeitsproben der Kinder zu sammeln, Fotos von den Kindern und pädagogischen Situationen zu machen, Kinder zu interviewen oder zu filmen. Erst in einem weiteren Schritt sollte die Dokumentation der systematischen Beobachtungen gezielt in das Portfolio einfließen. Nach einer Zeit des Beobachtens, Dokumentierens, Erstellens sowie des Sammelns von Arbeitsproben können nun erste Entwicklungsberichte und Präsentations-Portfolios verfasst werden und sogenannte Drei-Parteien-Gespräche (siehe Seite 46) geführt werden.

Die Entscheidung für ein Portfolio ist immer auch die Entscheidung, Kindern eine individuell zugeschnittene Lernumgebung zu bieten und so eine optimale Förderung zu gewährleisten. Ein ausführliches Konzept zur Arbeit mit Portfolios ist in »Portfolio leicht gemacht« (Groot-Wilken 2008) und in »Bildungsprozesse in Kindergarten und Kita« (Groot-Wilken 2007b) zu finden.

1.2.8 Familien mit anderen Herkunftssprachen

In Einrichtungen, in denen viele Familien mit anderen Herkunftssprachen als der deutschen sind, kann es aufgrund noch fehlender Deutschkenntnisse der Eltern zu Sprachproblemen bei der Durchführung von Entwicklungsgesprächen kommen. Hier müssen die pädagogischen Fachkräften passende Lösungen entwickeln, da es nicht dazu kommen sollte, dass Entwicklungsgespräche einfach wegfallen, weil es »Komunikationsschwierigkeiten« gibt. Denn alle Kinder der Einrichtung haben ein Recht auf ein möglichst optimales Förderungsangebot.

Mögliche Lösungsansätze könnten folgende sein:

1. Es gibt zum Beispiel eine Kollegin in der Einrichtung, die die Sprache der Familie spricht. In diesem Fall könnte sie im Beisein der pädagogischen Fachkraft der Gruppe das Gespräch führen oder als Dolmetscherin tätig werden.
2. Beim Träger oder im näheren sozialen Umfeld gibt es jemanden, der in der Lage ist, als Dolmetscher zu fungieren. Das können dann sowohl Personen aus der Familie des Kindes oder deren Umfeld sein, wie auch Mitarbeiter, die beim Träger eigentlich mit anderen Aufgaben betraut sind, oder Lehrkräfte an Schulen bzw. Sozialpädagogen.
3. Sollte es nicht möglich sein, eine geeignete Person zu finden, bleibt als letzte Möglichkeit nur die Suche im erweiterten Umfeld. Es kann auch hilfreich sein, sich an das zuständige Jugendamt mit der Bitte um Unterstützung zu wenden.

Modul 2

Vorbereitung und Planung

Entwicklung des Konzeptbausteins Entwicklungsgespräche

Die Entwicklung eines Konzeptbausteins »Entwicklungsgespräche« innerhalb der pädagogischen Konzeption der Einrichtung ist ein systematischer Prozess, der zurückgreift auf klar definierte Aufgaben und Zuständigkeiten einzelner Personen. Im nachfolgenden Kapitel werden insbesondere die Rolle der Leitung, die Bedeutung von Entwicklungsprozessen für die Organisations- und Personalentwicklung sowie ein dynamisches Entwicklungsmodell beschrieben.

2.1 Moderation der Prozesse

In jedem systematischen Entwicklungsprozess gibt es eine Person, die die Verantwortung für den gesamten Prozess übernimmt. Diese wird im weiteren Verlauf mit dem Begriff »Moderatorin«[1] bezeichnet. Die Moderatorin hat zwei zentrale Aufgaben:

1. Begleitung und Moderation des Prozesses
2. Steuerung und Vorbereitung einzelner Teilschritte

Der Moderatorin kommt im Entwicklungsprozess eine Schlüsselrolle zu. Sie übernimmt zum einen die Verantwortung für die fachliche Ausrichtung und Entwicklung, zum anderen hat sie die Managementverantwortung. Dabei orientiert die Moderatorin die Inhalte und Prozesse an den aktuellen fachwissenschaftlichen Erkenntnissen. Für die Steuerung solcher Prozesse ist vor allem eine systematische und ergebnisorientierte Ausrichtung der Entwicklungsprozesse nötig. Die Moderatorin ist verantwortlich für

- die Planung des Verfahrens und die Bereitstellung von Ressourcen,
- die Vorbereitung und Durchführung einzelner Entwicklungsschritte,
- die Dokumentation und das Controlling des Verfahrens,
- die Sicherung der Ergebnisse,
- die Motivation, Information und Begleitung aller Beteiligten sowie
- ein gutes Arbeitsklima.

An dieser Aufzählung lassen sich die umfassenden Anforderungen an eine Moderatorin deutlich erkennen. Die Ausgestaltung dieser Aufgaben ist individuell unterschiedlich, doch sollten sich die an dem Projekt arbeitende Gruppe dabei auf einige Prinzipien verlassen können – auf:

- ein verlässliches System, in dem Absprachen Bestand haben,
- die Orientierung der Arbeit an Zielen und Ergebnissen,
- die Akzeptanz der eigenen Rolle und des Verfahrens sowie
- die Anbindung der Zielperspektive an die fachliche Diskussion.

1 Selbstverständlich sind damit auch alle männlichen Moderatoren gemeint.

In der Regel übernimmt diese Aufgabe die Leitung einer Einrichtung. Dies bietet sich aus den folgenden Gründen an:

Leitungen
- planen in der Regel die Teambesprechungen,
- sind die einzigen, wenn überhaupt, freigestellten Personen, die Zeit für organisatorische Aufgaben haben, die nicht die direkte Arbeit am Kind betreffen,
- kennen die Mitarbeiterinnen und Mitarbeiter gut,
- haben immer die gesamte Einrichtung im Blick,
- haben Personalverantwortung und führen Personalentwicklungsgespräche,
- vertreten die Einrichtung nach außen und sind Ansprechpartner des Elternrats und der Eltern und
- verfügen über Kenntnisse in Moderation, Führung, Controlling und Management.

In Modul 3 werden die Aufgaben der Moderatorin in den einzelnen Schritten des Prozesses ausführlich beschrieben.

Systematische Prozesse sind immer auch Organisationsentwicklungsprozesse

Bei der Entwicklung von Konzepten – oder wie hier der Entwicklung eines Konzeptbausteins zu Entwicklungsgesprächen – werden immer auch andere Bereiche der Organisation berührt. Dies ist daran zu erkennen, dass in einem teamorientierten Arbeitsprozess die pädagogischen Fachkräfte in ihrer Profession umfassend eingebunden werden und durch die Auseinandersetzung mit Inhalten zum einen ihre eigenen Kompetenzen einbringen, zum anderen aber auch – im Sinne einer Professionalisierung – weiterentwickeln können. Neben der Auseinandersetzung mit Inhalten werden durch die Entwicklung eines Themas auch immer neue Arbeits- und Sozialformen in ein Team getragen bzw. gefestigt und erweitert. Das Team gewinnt hierdurch eine größere Professionalisierung und kann mit den gefestigten Methoden weitere Themen bearbeiten. Die beteiligten pädagogischen Fachkräfte können in einem solchen Prozess ihre eigenen Positionen mit denen der anderen vergleichen und gemeinsam ihre eigenen und die weiteren Vorstellungen zu einem tragbaren Kompromiss zusammenfügen. Dass dieser Prozess nicht nur reibungslos verläuft, sondern an einigen Stellen auch zu Differenzen und schwierigen Aushandlungsprozessen führt, ist offensichtlich. Aber gerade die Fähigkeit, trotz unterschiedlicher Positionen ein gemeinschaftliches Ergebnis zu erzielen und in die Praxis zu transferieren, steigert die Qualität der Zusammenarbeit im Team.

Veränderte Arbeitsstrukturen haben Einfluss auf die Organisation (Einrichtung). Durch neue Steuerungselemente in den Entwicklungs- und Bearbeitungsprozessen bzw. -abläufen verändert sich das »Gesicht« einer Einrichtung. Professionelle Umsteuerung erzeugt Transparenz gegenüber Dritten und ermöglicht der Einrichtung eine klare fachliche Positionierung in der Öffentlichkeit.

Bildung und Betreuung von Kindern in Tageseinrichtungen kann formal als Dienstleitung betrachtet werden. Pädagoginnen und Pädagogen tun sich oft schwer mit diesem Begriff, weil sie mit Menschen arbeiten und das Wort „Dienstleistung“ eher unpersönlich klingt. Jedoch ist die Bildung und Erziehung eben eine Leistung, die primär gegenüber dem Kind erbracht wird und sekundär gegenüber den Familien und der Gesellschaft. Es stellt sich die Frage, woran sich die Qualität einer Dienstleistung messen bzw. erkennen lässt. In Qualitätsmodellen der Erziehungswissenschaft spricht man bei dem Produkt eines Bildungs- und Erziehungsprozesses von Output und Outcome. Der Output umfasst die unmittelbaren Ziele, die im Bildungs- und Erziehungsprozess erreicht werden sollen. Also bestimmte Fähigkeiten und Fertigkeiten. Mit Outcome sind in der Regel Fernziele beschrieben, die letztendlich auf die Partizipationsmöglichkeiten in sozialen, emotionalen, beruflichen und kulturellen Kontexten Bezug nehmen. Kurz gesagt, auf die Möglichkeit, adäquat an der Gesellschaft teilnehmen zu können.

In der frühkindlichen Bildung und Erziehung ist somit der Output das Erreichen von Kompetenzen, die für die Bewältigung des Alltags nötig sind, sowie von Kompetenzen, die dem Kind einen gesicherten Übergang in das schulische Bildungssystem ermöglichen. Auf den Outcome bezogen könnte man formulieren, dass Kindertageseinrichtungen den Auftrag haben, mit den Grundstein zu legen, die bereits beschriebenen, langfristigen Ziele zu erreichen.

Bei einem guten Output geht man davon aus, dass die Ressourcen bestmöglich eingesetzt und der Dienstleistungsprozess optimal geplant und gesteuert wurden. Zieht man den Schluss, dass der Output nicht optimal ist, würden mithilfe einer systematischen Analyse die optimierbaren Prozesse und Ressourcen aufgedeckt und zum Beispiel mit einem Qualitätsentwicklungsverfahren bearbeitet (vgl. dazu Tietze et al. 2002 & 2004).

Die kontinuierliche, an systematischen Aspekten der Qualitätsentwicklung und -feststellung orientierte Arbeitsweise wirkt sich nicht nur auf die Organisation und das Team aus, sondern auch auf jede einzelne Fachkraft in dieser Organisation. Das bedeutet, dass die systematische fachliche Auseinandersetzung Qualifizierungsbedarfe aufzeigt, die zum Beispiel durch interne und externe Fortbildung gedeckt werden können. Unterstützt durch ein effizientes Personalmanagement entwickeln sich pädagogische Fachkräfte in ihrer persönlichen Professionalität weiter.

Personalentwicklung findet zum Beispiel in Personalentwicklungsgesprächen zwischen der pädagogischen Fachkraft und der Leitung bzw. einem Trägervertreter statt. Diese Gespräche sollten, unabhängig davon, ob sich eine Einrichtung in einem Entwicklungsprozess befindet oder nicht, regelmäßig stattfinden. Hier werden persönliche Ziele und Qualifizierungsbedarfe mit einzelnen Fachkräften besprochen.

Während eines Entwicklungsprozesses sollten begleitend immer Personalentwicklungsgespräche geführt werden, in denen Ziele erarbeitet werden. Die Qualifizierung der pädagogischen Fachkräfte führt im Umkehrschluss zur Steigerung der Qualität im Team und in der Einrichtung. Jede Moderatorin sollte ein Interesse an diesen Gesprächen haben, um die Effekte der Entwicklungsdynamik auf allen Ebenen nutzen zu können. Darüber hinaus sollte es ein Selbstverständnis von Trägern sein, das eigene Personal in einem fortwährenden Prozess stetig zu qualifizieren.

Grundlegend für das Gelingen von Entwicklungsprozessen ist, dass Teams gemeinsame Verantwortung für die Prozesse und die Ergebnisse der Prozesse übernehmen. Das heißt, dass sie ein gemeinschaftliches Interesse daran haben, die pädagogische Arbeit in ihrer Einrichtung zu entwickeln, und bereit sind, sich auf einen gemeinschaftlichen Entwicklungsprozess einzulassen. Orientiert an fachlichen Standards haben Teams die Möglichkeit, »eigene Ideen« zu entwickeln und diese an die Bedarfe der Familien und die Bedingungen der Einrichtung optimal anzupassen.

2.2 Dynamisches Entwicklungsmodell

Im Folgenden wird das Entwicklungsmodell, dem die Entwicklung des Konzeptbausteins »Entwicklungsgespräche« zugrunde liegt, vorgestellt. Das Verfahren ist systematisch, das heißt, ein Schritt baut immer auf dem vorhergehenden Schritt auf. Systematisch ist das Entwicklungsmodell aber auch hinsichtlich der Gliederung. Die Entwicklungsprozesse finden immer in drei Phasen statt: der Orientierungsphase, der Entwicklungsphase und der Reflexionsphase.

Orientierungsphase

Zu Beginn des Entwicklungsprozesses verschaffen sich die pädagogischen Fachkräfte zunächst einen Überblick über den Entwicklungsstand der Einrichtung. Dies kann in einer Bestandsaufnahme der eigenen Arbeit durch die einzelne Fachkraft geschehen oder auch schon in einem Kleingruppen- bzw. Teamprozess. Ziel ist es, dass das Team, bevor es mit der Entwicklungsarbeit beginnt, den eigenen Arbeitsstand und das, was in der Einrichtung »state of the art« ist, feststellt und beschreibt. Darauf aufbauend setzen sich die Teams mit den Inhalten des Themas auseinander. Sie eignen sich das notwendige Wissen an und tauschen es im Team aus. Dies ist dann bereits die erste Qualifikationsphase im Entwicklungsprozess.

Der Schwerpunkt in der Orientierungsphase liegt vor allem auf drei Fragekomplexen:

1. Was tue ich als pädagogische Fachkraft und wie sieht die Arbeit innerhalb der Kindergruppe aus?

2. Welche gruppenübergreifende bzw. einrichtungsspezifische Konzeption liegt für diesen Aspekt vor?
3. Wie ist der Stand des fachwissenschaftlichen Diskurses?

Das Ergebnis dieser drei Fragekomplexe ist die Ausgangsbasis für den weiteren Bearbeitungs- und Entwicklungsprozess. Aus der Analyse des Ist-Zustandes leiten sich Fragestellungen ab, die im weiteren Prozess beantwortet werden, sodass Konzeptideen entwickelt werden können. Der Austausch, in Form einer geleiteten Gruppendiskussion, informiert alle Fachkräfte über Unterschiede und Gemeinsamkeiten in der praktischen Umsetzung in den Gruppen und über mögliche einrichtungsspezifische Festlegungen. Es werden auch Gedanken und Vorstellungen der Kolleginnen und Kollegen in diesem Diskussionsprozess sichtbar, die für die Entwicklung des Bereiches wichtige Impulse geben können.

Entwicklungsphase

Die zweite Phase des Entwicklungsprozesses ist die Entwicklungsphase. Hier liegt der Schwerpunkt auf der Erarbeitung eines Konzeptes und dessen praktischer Erprobung.

Zunächst vergleicht das Team seine pädagogische Arbeit, Schwerpunkte und Prozesse mit den Ergebnissen der fachlichen Auseinandersetzungen und bestimmt somit Schnittmengen und Leerstellen. Das bedeutet: Das Team findet Aspekte des Themas heraus, die bereits in der Einrichtung zur vollsten Zufriedenheit umgesetzt werden, und Aspekte, die noch der Entwicklung oder Implementation bedürfen. Auf dieser Synopse basierend, entwickelt das Team nun eine Skizze, wie der neue Konzeptbaustein bzw. das neue Thema in der Praxis erprobt werden soll. Dabei sollten Teams sich bewusst sein, dass es unrealistisch ist, alle »Baustellen« gleichzeitig bearbeiten zu wollen. Es ist deshalb notwendig, in einem ersten Schritt, basierend auf den Ergebnissen der Diskussion in der Orientierungsphase, festzulegen, welche Aspekte vertieft und intensiv vom Team bearbeitet werden sollen. Diese Reduktion ist aber überhaupt nicht problematisch, da der Entwicklungsprozess nicht nur dynamisch, sondern auch zyklisch ist.

Mit zyklisch ist gemeint, dass die Entwicklungsprozesse sich in einem ständigen Verfahren der Ergebnissicherung und -überprüfung befinden. Einmal Erreichtes steht immer wieder auf dem Prüfstein, um die Qualität der Arbeit zu gewährleisten. Das bedeutet auch, dass »Baustellen«, die im ersten Durchlauf nicht bearbeitet werden konnten, in einem nächsten Durchgang bearbeitet werden können.

Mit einem dynamischen Prozess ist vor allem die gegenseitige Beeinflussung der Entwicklungsschritte in einem fortlaufenden Prozess gemeint. Aber auch Veränderungen, die sich aus der Erprobung des Modells ergeben, und die daraus resultierenden Neuentwicklungen bzw. Veränderungen. Die Prüfung auf Praxistauglichkeit ist ein wesentliches Element für die Entwicklung eines handhabbaren Modells. Theoretische Modelle, die in der Praxis nicht tauglich sind, haben zumindest im Bereich der Tageseinrichtungen für Kinder keinerlei Relevanz.

Mit der Auswahl von Themen ist gleichzeitig eine Schwerpunktsetzung des Teams verbunden, das heißt, dass dazu Ziele, Methoden, Verfahren und Inhalte entwickelt werden, die zur Umsetzung kommen sollen. In der gemeinsamen Erarbeitung entsteht ein individuelles Konzept für die jeweilige Einrichtung, das auf fachliches Wissen zurückgreift.

In dieser Phase des Entwicklungsprozesses erproben die pädagogischen Fachkräfte das erarbeitete Konzept nun in der Praxis. Dabei kann sich herausstellen, dass das Konzept modifiziert werden muss, da es sich nicht in allen Punkten als handhabbar oder praxistauglich erweist. Dann muss die Konzeptskizze an den entsprechenden Stellen überarbeitet werden.

Dieser Teil nimmt in der Regel längere Zeit und deutlich mehr Ressourcen in Anspruch als die anderen Schritte des Prozesses. Das ist aber unter den genannten Aspekten gut investierte Zeit. Das am Ende feststehende Modell kann nun in der letzten Phase umgesetzt werden.

Reflexionsphase

Der Entwicklungsprozess schließt mit der Reflexionsphase. Im Mittelpunkt stehen die Umsetzung, insbesondere die Dokumentation des Konzeptes und die praktische Verankerung im Alltag sowie die Reflexion der Prozesse und die Sicherung der Ergebnisse.

Nachdem Teams in einem längeren Prozess das zunächst skizzierte Konzept auf Praktikabilität geprüft haben, steht am Ende ein erprobtes Konzept. Dieses wird nun als Ergebnis schriftlich fixiert, sodass es zum Bestandteil der Einrichtungskonzeption wird. Die schriftliche Niederlegung der Konzeption schafft für alle beteiligten pädagogischen Fachkräfte, für die Leitung, für den Träger und für die Eltern Sicherheit. Die Güte der pädagogischen Arbeit wird somit nicht nur messbarer, sie wird vor allem transparent und nachvollziehbar auch für andere. Eltern können sich auf bestimmte Arbeitsweisen, Inhalte und Methoden verlassen und wissen ihre Kinder somit in guten Händen. Träger teilen mit ihren Mitarbeiterinnen und Mitarbeiter die Verantwortung, nach bestem Fachwissen Bildung und Betreuung zu gewährleisten, und sich dieser in einem kontinuierlichen und systematischen Prozess zu stellen.

Mit der Fixierung des Konzeptes und den Erfahrungen aus der Erprobungsphase beginnt nun die vollständige Implementation in den Alltag und somit auch die Überführung der neu erworbenen Kompetenzen in das persönliche Handlungsrepertoire der pädagogischen Fachkräfte.

Am Ende des gesamten Prozesses stehen nun noch zwei Aufgaben an: zum einen die Reflexion des gesamten Arbeitsprozesses und zum anderen die Erarbeitung eines Standards, der zur Sicherung der Einrichtungsqualität beiträgt.

Die Reflexion dient dazu, aus dem absolvierten Prozess Handlungskompetenzen für die gemeinsame Entwicklungs- und Teamarbeit zu gewinnen und folgt dabei acht Fragestellungen:

1. An welchen Stellen kann das Team seine Arbeitsweisen noch effektiver und effizienter gestalten?
2. Wie können die Stärken von Kolleginnen und Kollegen optimal genutzt werden?
3. An welchen Stellen ist die Unterstützung durch externe Personen hilfreich gewesen oder könnte für zukünftige Prozesse hilfreich sein?
4. Welche Erfahrungen sind übertragbar auf andere Arbeitsfelder in einer Tageseinrichtung? Aus welchen Erfahrungen lernt das Team für weitere Prozesse?
5. Welche Auswirkungen haben intensive Arbeitseinheiten auf das Arbeitsklima?
6. Was würde das Team in Zukunft anders machen?
7. Womit sind die einzelnen Fachkräfte zufrieden bzw. unzufrieden?
8. Welche zusätzlichen Kompetenzen hat die einzelne Fachkraft dazugewonnen?

In einigen Fällen kann es hilfreich sein, einen Trägervertreter oder eine Fachberatung zur abschließenden Reflexionsrunde einzuladen. Gemeinsam mit Vertreterinnen und Vertretern der Einrichtung formulieren sie einen Standard zu dem bearbeiteten Thema.

Die Entwicklung des Standards ist auf Einrichtungsebene ebenso wie auf Trägerebene langfristig unumgänglich, da dieser zur Außendarstellung und zur Selbstvergewisserung die wichtige Funktion einer transparenten Kommunikation übernimmt. Der Standard repräsentiert die pädagogische Arbeit der Einrichtung und gibt ihr ein »Gesicht«, das von außen Widererkennungswert besitzt. Eltern gewinnen somit Sicherheit hinsichtlich der Qualität der Bildungs- und Erziehungsprozesse in der Einrichtung und gegebenenfalls sogar des Trägers. Mittel- und langfristig erreichen Träger auf diese Weise eine wichtige Position als qualitativ hochwertiger Träger von Tageseinrichtungen.

Struktur des Erarbeitungsschritte

Ziele: Die Beschreibung beginnt immer mit der Formulierung von Zielen, die in dem jeweiligen Arbeitsschritt erreicht werden sollen. Für einen transparenten und effektiven Prozess ist es jederzeit wichtig, dass alle Beteiligten wissen, warum sie etwas tun und welche Ziele damit verbunden sind.

Methode: Die Methode gibt der Moderatorin und dem Team eine Orientierung darüber, wie das Ziel erreicht werden soll. Daraus resultieren gegebenenfalls Vorbereitungen, damit bestimmte Methoden durchführbar sind. Die Methoden sind dabei so gewählt, dass sie mit wenig Aufwand vorbereitet werden können.

Teilnehmer: Für jeden Arbeitsschritt werden die beteiligten Personen genannt. In der Regel nehmen jedoch alle pädagogischen Fachkräfte am Entwicklungsprozess teil. In einigen Bereichen kommen auch dritte Personen hinzu, die bei bestimmten Aufgaben eine wichtige Rolle einnehmen.

Dauer: Zur besseren Planung ist jeweils angegeben, wie viel Zeit für den jeweiligen Arbeitsschritt benötigt wird.

Vorbereitung: Für einige Methoden bzw. Arbeitsschritte ist es notwendig, Vorbereitungen zu treffen. Die wichtigsten Vorbereitungsschritte werden unter diesem Punkt kurz benannt.

Durchführung: Hier werden die einzelnen Teilschritte beschrieben und an wichtigen Stellen Hinweise auf mögliche Fragen gegeben. Einige Hinweise, die für den weiteren Arbeitsprozess wichtig sind, ergänzen die Fragen. Die Beschreibungen sollen Teams unterstützen, einen für sie angemessenen und gangbaren Weg zu finden.

2.3 Dokumentation

Innerhalb dieses Konzeptes werden zwei Arten von Dokumentation unterschieden: die Dokumentation des Entwicklungsprozesses und die Dokumentation von pädagogischen Zielen.

Prozessdokumentation

Unter Prozessdokumentation ist vor allem die Protokollierung der einzelnen Arbeitsschritte zu verstehen. Das heißt, dass jeder Arbeitsschritt – jede Absprache, jede Terminierung, jedes Ziel – protokolliert wird, indem Angaben zum Verlauf, zu Aufgaben und zu Verantwortlichkeiten aufgeführt werden. Ein Protokoll schafft Verbindlichkeit und Transparenz für alle Beteiligten. Protokolle helfen, einen komplexen Prozess zu rekonstruieren und gegebenenfalls für die Reflexion greifbar zu machen.

Darüber hinaus schafft jede Form der Dokumentation gegenüber dem Träger und den Eltern Transparenz, da Arbeitsschritte und Entscheidungen kommuniziert werden. Die Form der Dokumentation muss von der Einrichtung den eigenen Bedürfnissen entsprechend ausgewählt werden.

Zielformulierungen

Ein Thema, das in diesem Buch lediglich am Rande erwähnt werden kann, ist die Unterstützung des Prozesses durch die Formulierung von Zielen. Um in einem so umfangreichen Prozess wie diesem nicht den Überblick zu verlieren, können formulierte Ziele helfen. Sie unterstützen bei der Überprüfung der Etappen des Prozesses.

Anhand der SMART-Formel können Teams ihren eigenen Arbeitsweg und die Erreichung von Teilzielen (Etappen) effektiv und gesichert überprüfen. Nur wenn alle fünf Aspekte positiv beantwortet werden können, sollte das Ziel in der bestehenden Formulierung bestehen bleiben, ansonsten empfiehlt es sich, nachzubessern.

Drei unterschiedliche Zielarten können unterschieden werden:

- **Erhaltensziele**

  Während des Entwicklungsprozesses werden Teams feststellen, dass sie bereits über Methoden und Verfahren sowie Kompetenzen im bearbeiteten Thema verfügen. Es wäre sehr ineffizient, diese Bereiche erneut durch ein systematisches Verfahren zu bearbeiten und zu bestätigen. Vielmehr zeigt sich in der Orientierungsphase, welche Aspekte bereits Bestandteil der Einrichtungskonzeption sind. Da diese Aspekte bereits in der Praxis systematisch und kontinuierlich angewendet werden, können sie in einem Erhaltensziel formuliert werden. Erhaltensziele dienen der Qualitätssicherung.

  In einem Erhaltensziel wird also eine bereits fachlich fundierte Qualität der pädagogischen Arbeit beschrieben. Die schriftliche Fixierung der schon eingesetzten Methoden und Verfahren ergibt später

SMART-Formel zur Überprüfung von Teilzielen

Die **SMART-Formel** ist ein Instrument, mit dessen Hilfe Teams ihren eigenen Arbeitsweg und die Erreichung von Teilzielen (Etappen) effektiv und gesichert überprüfen können.
SMART steht für:

S = **spezifisch:** Ist in dem Ziel genügend Detailinformation gegeben, damit für andere nachvollziehbar ist, was genau der Gegenstand des Zieles ist?

M = **messbar:** Ist das Ziel überprüfbar? Ist feststellbar, ob das Ziel erreicht worden ist bzw. kann man prognostizieren, ob es erreichbar ist?

A = **akzeptabel:** Wird das Ziel von den pädagogischen Fachkräften gemeinsam als sinnvolles und fachlich bedeutsames Ziel identifiziert? Können sich die Fachkräfte mit den Inhalten des Zieles professionell identifizieren?

R = **realistisch:** Ist das Ziel mit den zur Verfügung stehenden Ressourcen (Finanzen, Personal, Zeit, Arbeitsbelastung) ein erreichbares Ziel? Oder ist es eher ein Wunschziel, das zurzeit nicht umsetzbar ist? Ist das Ziel aus eigener Kraft erreichbar?

T = **terminiert:** Ist die Erreichung des Zieles zeitlich fixiert? Gibt es ein Datum, bis zu dem das Ziel erreicht sein muss?

mit den Veränderungszielen ein einheitliches Bild der Einrichtung.

◆ Veränderungsziele

Im Gegensatz zu den Erhaltenszielen werden in Veränderungszielen Inhalte beschrieben, die noch nicht erreicht sind, aus fachlicher Sicht aber erreicht werden sollten. In einem Veränderungsziel ist das Ergebnis eines gemeinsamen Arbeitsprozesses niedergeschrieben. Ein Team setzt sich mit einem Veränderungsziel eine »Marke«, die es erreichen möchte.

Veränderungsziele geben den pädagogischen Fachkräften im Team Orientierung über die nächsten Arbeitsschritte und Aufgaben. Sie schaffen für alle Beteiligten Transparenz, Klarheit und Verbindlichkeit und dienen der Qualitätsentwicklung.

◆ Persönliche oder individuelle Ziele

Neben Zielen, die für die Einrichtung entwickelt werden, sollten auch persönliche oder individuelle Ziele für die einzelnen Fachkräfte bearbeitet werden. Eine Möglichkeit der individuellen Zielentwicklung liegt bei den pädagogischen Fachkräften selbst, indem sie im laufenden Prozess ihre eigenen Bedarfe erkennen und eigene Ziele formulieren, um ihre Arbeit zu optimieren. Eine weitere Möglichkeit besteht in den bereits erwähnten Personalentwicklungsgesprächen, in denen Leitung und pädagogische Fachkräfte gemeinsam Perspektiven der persönlichen Entwicklung diskutieren und schriftlich fixieren.

Durch die Entwicklung persönlicher Ziele qualifizieren sich pädagogische Fachkräfte in spezifischen Handlungskompetenzen auf eine sehr individuelle Weise. Sie können gezielt eigene Handlungen hinterfragen und neue Perspektiven sowie Handlungsalternativen entwickeln und umsetzen.

Modul 3
Durchführung und Reflexion

Methodische Schritte zur Erarbeitung des Konzeptbausteins

3.1 Orientierungsphase

Bevor sich ein Team an die Arbeit macht, um den Konzeptbaustein »Entwicklungsgespräche« zu entwickeln, sollte das Projekt in jedem Fall dem Personal der Einrichtung und auch dem Träger bekannt sein. Den pädagogischen Fachkräften ist das Projekt in seinen Einzelheiten vorgestellt worden, sodass sie über die Ziele ebenso informiert sind wie über ihre Aufgaben.

Erst nachdem alle informiert sind, erarbeitet die Moderatorin einen realistischen Zeitplan, damit das Projekt mit den zur Verfügung stehenden Ressourcen optimal umgesetzt werden kann.

M 1. Schritt: Präsentation der verschiedenen Methoden des Austauschs mit Eltern in der Einrichtung

Ziele

1. Die pädagogischen Fachkräfte kennen verschiedene Möglichkeiten des Austauschs mit Familien in der Einrichtung.
2. Die pädagogischen Fachkräfte kennen die verschiedenen Themen, die im Austausch mit den Familien in der Einrichtung angesprochen werden.

Methode

Teamsitzung, Referate und Gesprächsrunde

Teilnehmer

Alle pädagogischen Fachkräfte der Einrichtung

Dauer

1. Phase ca. 90–150 Minuten
2. Phase ca. 60–90 Minuten

Vorbereitung

Auf einer vorangehenden Teamsitzung wird den pädagogischen Fachkräften die erste Aufgabe erläutert werden. Die Moderatorin erklärt, dass sich zur ersten Teamsitzung des Projektes alle darauf vorbereiten sollen, ihren Austausch mit Familien zu präsentieren. Dabei steht den pädagogischen Fachkräften die Wahl der Präsentationsform frei.

Durchführung

- **Phase 1: Vorstellung der Formen des Austauschs mit Familien**

1. Zunächst stellt die Moderatorin das Ziel der Teamsitzung vor und beschreibt kurz die Aufgaben in der 1. und 2. Phase.
2. Die erste pädagogische Fachkraft bzw. die Fachkräfte der ersten Kindergruppe beginnen mit der

Präsentation des Austauschs mit den Familien. Dabei stehen folgende Aspekte im Mittelpunkt:

? Fragen zur Beschreibung des Ist-Zustands

- Welche Situationen nutzen Sie im Alltag, um sich mit den Familien auszutauschen?
- Welche geplanten Formen des Austauschs mit den Familien nutzen Sie in Ihrer Gruppe?
- Wer nimmt am Austausch mit den Familien teil?
- Wie häufig tauschen Sie sich mit den Familien in den unterschiedlichen Formen aus?
- Wie bringen die Familien sich in den Austausch ein?
- Wie dokumentieren Sie den Austausch?
- Wie einigen Sie sich mit den Familien auf Förderungsziele für die Kinder?
- Wie fließen die Ergebnisse und Zielvorstellungen in die pädagogische Planung ein?

3. Nach der Präsentation, die nicht länger als 20 Minuten dauern sollte, können die Kolleginnen und Kollegen Verständnisfragen stellen. Hier sollte auf eine Diskussion aber noch verzichtet werden, die erst nach den Präsentationen aller Fachkräfte stattfindet. So ist gewährleistet, dass der zeitliche Rahmen eingehalten wird und sich niemand umsonst vorbereitet hat.
4. Die Moderatorin gibt, nachdem alle Vorstellungen beendet sind, eine kurze Zusammenfassung. Danach beginnt das Team eine circa 30minütige Diskussion über die Präsentationen der Kolleginnen und Kollegen.
5. Die Ergebnisse der Diskussion werden von einer Protokollantin festgehalten und für die 2. Phase auf einem Flipchart dargestellt.
6. Die Moderatorin beschreibt die Aufgaben für die 2. Phase, die möglichst an die 1. Phase anschließen sollte. In dieser Phase steht die Auswertung der Präsentationen unter dem Fokus »Entwicklungsgespräche« im Vordergrund.

- **Phase 2: Auswertung der Präsentationen im Team**

1. Anhand des vorbereiteten Flipcharts fasst die Moderatorin die Ergebnisse der Diskussion der 1. Phase zusammen und beschreibt noch einmal die Aufgaben und Ziele der Teamsitzung.
2. Nun schließt sich eine Diskussion an. Die pädagogischen Fachkräfte rufen sich noch einmal ihre eigene Präsentation und die ihrer Kolleginnen und Kollegen in Erinnerung. Sie werten dann die Ergebnisse der letzten Teamsitzung hinsichtlich der Entwicklungsgespräche unter folgenden Fragestellungen aus:

? Teamdiskussion über Entwicklungsgespräche

- Führen Sie bereits Entwicklungsgespräche? (Auch wenn diese in Ihrer Einrichtung vielleicht eine andere Bezeichnung haben.)

Wenn nein, dann diskutieren Sie bitte, warum Sie noch keine Entwicklungsgespräche führen bzw. welche alternativen Formen Sie nutzen, um sich mit den Familien über die Kinder auszutauschen.

Wenn ja, dann diskutieren Sie unter den folgenden Fragestellungen weiter:

- Welche Themen werden in Entwicklungsgesprächen angesprochen?
- Wer nimmt an Entwicklungsgesprächen teil?
- Wie häufig führen Sie Entwicklungsgespräche?
- Wie lange dauert ein Entwicklungsgespräch?
- Wie werden Ergebnisse mit den Familien gefunden?
- Wie werden die Ergebnisse dokumentiert?
- Wie werden die erkannten Förderbedarfe in die pädagogische Planung integriert?
- Wie werden die Entwicklungsgespräche nachbereitet?
- Welche Unterschiede lassen sich in den einzelnen Kindergruppen der Einrichtung feststellen?
- Welche Gemeinsamkeiten lassen sich feststellen?

3. Die Protokollantin notiert die Ergebnisse der Diskussion.
4. Am Ende der Diskussion sollten alle pädagogischen Fachkräfte darüber informiert sein, a) ob und in welcher Form Entwicklungsgespräche stattfinden und b) wie der Austausch mit den Eltern in der Einrichtung organisiert ist.
5. Am Ende der Teamsitzung gibt es zwei mögliche Varianten zur weiteren Arbeit an dem Thema:

Variante 1: Werden in der Einrichtung bereits Entwicklungsgespräche durchgeführt, gehen Sie im zweiten Schritt zu den »Kollegialen Beobachtungen« über. Dazu plant jede Fachkraft ein Gespräch mit einer Familie, an dem eine Kollegin oder ein Kollege beobachtend teilnimmt. (Mehr dazu unter »Vorbereitung« im 2. Schritt.)

Variante 2: Werden in der Einrichtung noch keine Entwicklungsgespräche geführt, überspringen Sie den 2. Schritt und führen den Prozess mit dem 3. Schritt unter der folgenden Fragestellung fort: »Welche Inhalte wären mir wichtig, wenn ich ein Entwicklungsgespräch führen müsste, und wie könnte ich mir vorstellen, die Ergebnisse in meine pädagogische Planung einzubeziehen?« (Mehr dazu unter »Vorbereitung« im 3. Schritt.)

2. Schritt: Kollegiale Beobachtung

Ziele

1. Durch die kollegialen Beobachtungen gewinnen die pädagogischen Fachkräfte einen Eindruck, wie die Kolleginnen und Kollegen arbeiten.
2. Kolleginnen und Kollegen geben sich durch den Austausch gegenseitig fachliche Impulse.
3. Die pädagogischen Fachkräfte lernen verschiedene Formen der Gesprächsführung kennen.
4. Die pädagogischen Fachkräfte gewinnen durch die Erfahrungen wichtige Informationen, die später für die Erarbeitung und Erprobung eines Konzeptbausteins »Entwicklungsgespräche« nutzbar gemacht werden können.

Methode

Kollegiale Beobachtung, kollegialer Austausch

Teilnehmer

Fachkräfte, die Entwicklungsgespräche führen, und Fachkräfte, die teilnehmend beobachten

Dauer

Je nach Größe der Einrichtung unterschiedlich lang. Es sollte darauf geachtet werden, dass zwischen dem 1. und dem 3. Schritt nicht mehr als vier Wochen vergehen. Für den kollegialen Austausch nach dem Entwicklungsgespräch müssen circa 30 Minuten eingeplant werden.

Vorbereitung

Für die Durchführung der »Kollegialen Beobachtung« stimmen die pädagogischen Fachkräfte, die die Gespräche führen, Termine mit einer ausgewählten Familie ab.

Die Moderatorin verteilt die Checklisten zur kollegialen Beobachtung (siehe Seite 63 f.) rechtzeitig an alle Kolleginnen und Kollegen, die daran teilnehmen. Es ist wichtig, dass die pädagogische Fachkraft das Gespräch wie gewohnt führt. Ansonsten würden die weiteren Entwicklungsprozesse verzerrt und die optimale Entwicklung im Team gestört werden.

Darüber hinaus sorgt die Moderatorin dafür, dass die beobachtende Kollegin bzw. der Kollege gegebenenfalls in der Kindergruppe vertreten wird.

Durchführung

1. Die pädagogischen Fachkräfte lesen sich die Checkliste zur kollegialen Beobachtung vor dem Gespräch durch und verabreden einen Termin nach dem Gespräch für einen kollegialen Austausch.
2. Die gesprächsführende Kollegin bzw. der Kollege erläutert den Eltern das Verfahren, unter anderem, warum eine weitere Fachkraft das Gespräch beobachtend begleitet.

3. Die beobachtende Kollegin bzw. der Kollege setzt sich so, dass sie sich nicht im Blickfeld der Eltern befindet.
4. Die gesprächsführende Kollegin bzw. der Kollege führt das Gespräch wie gewohnt; die beobachtende Fachkraft verfolgt das Gespräch nicht-teilnehmend im Hintergrund und bearbeitet dabei die Beobachtungscheckliste.
5. Nach dem Gespräch tauschen sich die beiden Fachkräfte in einem kurzen Gespräch aus, indem sie die Checkliste zur kollegialen Beobachtung zu Hilfe nehmen. Folgende Fragen werden bearbeitet:

Kollegiales Zweiergespräch

- Welchen Eindruck habe ich von dem Gespräch? Wie zufrieden bin ich mit dem Verlauf des Gespräches?
- Welche Inhalte sind besprochen worden?
- Wie zufriedenstellend ist das Ergebnis der besprochenen Inhalte?
- Wie kooperativ waren die Eltern?
- Gab es Inhalte, die fehlten?
- Welchen Eindruck habe ich von der Art und Weise, wie das Gespräch geführt wurde?
- Inwieweit sind die Ergebnisse für die Planung des pädagogischen Alltags und individueller Förderung nutzbar?
- Könnte ich mir vorstellen, dass auch das Kind an Teilen dieses Gespräches teilnimmt?

Das Gespräch sollte nicht länger als 30 Minuten dauern und in Stichpunkten dokumentiert werden.

6. Erst wenn alle Gespräche geführt worden sind, kann die Auswertung der kollegialen Beobachtung beginnen.
7. Die Moderatorin händigt allen Fachkräften die Grundregeln der kollegialen Beobachtung aus:

Grundregeln der kollegialen Beobachtung

- **Die Beobachtung ist nicht teilnehmend,** das heißt, die beobachtende Fachkraft greift nicht in das Gespräch ein und gibt auch keine bewertenden Kommentare über das Gespräch bzw. zu den Äußerungen der Kollegin/des Kollegen oder der Eltern.
- **Der Fokus der Beobachtung liegt auf den Inhalten und der Form des Gespräches,** das heißt, die beobachtende Fachkraft verschafft sich mithilfe der Checklisten einen Eindruck von einer Möglichkeit, ein Entwicklungsgespräch zu führen. Dabei ist sie nicht Richterin, sondern ein „critical friend“, der unterstützend berät.
- **Es werden keine Informationen an Dritte weitergegeben,** sodass alle pädagogischen Fachkräfte volles Vertrauen in die Verschwiegenheit der Kolleginnen und Kollegen haben können. Gesprächsführende und beobachtende Kolleginnen und Kollegen sollten eine gewisse Sympathie füreinander empfinden, damit die kollegiale Beobachtung und der kollegiale Austausch in einer angenehmen Atmosphäre stattfinden können.

Checkliste: Kollegiale Beobachtung

Beginn des Gespräches	**Ende des Gespräches**		**Dauer des Gespräches**
	Wurde dieser Bereich reflektiert?	Wurde dieser Bereich analysiert?	Wurde eine individuelle Förderung vereinbart? (Bitte kurz beschreiben)
Wohlbefinden des Kindes			
Selbstbild und Entwicklung von Identität			
Kompetenzen des Kindes			
Interaktion und Kommunikation des Kindes			
Interessen, Wünsche und Bedürfnisse des Kindes			
Spielthemen, -partner und -materialien			
Essgewohnheiten			
Gesundheit			
Eingewöhnung			
Übergang zur Grundschule			
Wie war der Raum vorbereitet? (Bitte kurz beschreiben)			

Checkliste: Kollegiale Beobachtung

Welchen Gesprächseinstieg hat die Kollegin/der Kollege gewählt? (Bitte kurz beschreiben)		
Wie war die Gesprächshaltung der Kollegin/des Kollegen? (Bitte kurz wertfrei beschreiben)		
Hat die Kollegin/der Kollege offene Fragen gestellt? (Bitte kurz beschreiben)		
Hat die Kollegin/der Kollege aktiv zugehört? (Bitte kurz beschreiben)		
Hat die Kollegin/der Kollege Ich-Botschaften verwendet? (Bitte kurz beschreiben)		
Wie war der Gesprächsabschluss? (Bitte kurz beschreiben)		
Welche Materialien hat die Kollegin/der Kollege für das Gespräch benutzt (Aufzeichnungen, Dokumentation, Portfolio)?		
Wie haben sich die Eltern eingebracht? (Bitte kurz beschreiben)		
Welche Themen wurden von den Eltern angesprochen?		

3. Schritt: Auswertung der kollegialen Beobachtung

Ziele

1. Die pädagogischen Fachkräfte kennen die Art der Kolleginnen und Kollegen, Entwicklungsgespräche zu führen (Variante 1), bzw. deren Präsentationen (Variante 2).
2. Das Team entwickelt grundlegende Ideen zur Konzeptionierung von Entwicklungsgesprächen, orientiert an den Bedingungen der Einrichtung.
3. Die pädagogischen Fachkräfte diskutieren mögliche methodische und inhaltliche Varianten von Entwicklungsgesprächen.
4. Das Team reflektiert die Form der Elterngespräche in der Einrichtung.
5. Die pädagogischen Fachkräfte sind sich über die Grundlagen von Entwicklungsgesprächen einig.

Methode

Teamsitzung, Erfahrungsaustausch, Kleingruppenarbeit

Teilnehmer

Alle pädagogischen Fachkräfte

Dauer

120 bis 240 Minuten

Vorbereitung

Im weiteren Verlauf des 3. Schrittes wird nach **Variante 1** (Entwicklungsgespräche werden bereits geführt) und **Variante 2** (Entwicklungsgespräche werden noch nicht geführt) unterschieden.

Variante 1

Die Moderatorin sammelt die Checklisten der beobachtenden Kolleginnen und Kollegen – wenn nötig anonym – ein und wertet sie für die Einrichtung aus. Sie bereitet auf dem Flipchart zu den einzelnen Aspekten der Checkliste zur kollegialen Beobachtung jeweils eine Seite vor, auf der sie die Beobachtungen zusammenfasst und gegebenenfalls fachlich, aber nicht wertend kommentiert. Dabei stellt sie insbesondere Ähnlichkeiten und Unterschiede heraus.

Zur Auswertung der Inhalte des Entwicklungsgespräches stellt sie für die Reflexion und Analyse der angesprochenen Bereiche eine Übersicht zusammen, die aufzeigt, welche Bereiche wie häufig reflektiert bzw. analysiert und welche Fördermaßnahmen daraus abgeleitet worden sind.

Variante 2

Die Moderatorin kopiert die Vorlage »Inhalte von Entwicklungsgesprächen« (siehe Seite 66 f.) und verteilt sie an die pädagogischen Fachkräfte, damit diese ausreichend Zeit haben, die Vorlage auszufüllen und vorbereitet in den 3. Schritt gehen können.

Die ausgefüllten Checklisten sammelt die Moderatorin ein und wertet sie aus, indem sie analog zu Variante 1 die Ähnlichkeiten und Unterschiede hervorhebt.

Zur Auswertung der Inhalte des Entwicklungsgespräches stellt die Moderatorin für die Reflexion und Analyse der angesprochenen Bereiche eine Übersicht zusammen, die aufzeigt, welche Bereiche wie häufig reflektiert bzw. analysiert und welche Fördermaßnahmen daraus abgeleitet werden können.

Checkliste: Inhalte von Entwicklungsgesprächen

Welchen Stellenwert haben die aufgelisteten Bereiche für mich im Hinblick auf Entwicklungsgespräche? Warum sind sie aus meiner Sicht sehr wichtig oder nicht wichtig? Welche anderen Ereignisse kann ich mir noch als Inhalte von Entwicklungsgesprächen vorstellen?

	nicht wichtig	weniger wichtig	wichtig	sehr wichtig	Kurze Begründung und angeben, welche Möglichkeiten der individuellen Förderung sich daraus ergeben könnten:
Wohlbefinden des Kindes	☐	☐	☐	☐	
Selbstbild und Entwicklung von Identität	☐	☐	☐	☐	
Kompetenzen des Kindes	☐	☐	☐	☐	
Interaktion und Kommunikation des Kindes	☐	☐	☐	☐	
Interessen, Wünsche und Bedürfnisse des Kindes	☐	☐	☐	☐	
Spielthemen, -partner und -materialien	☐	☐	☐	☐	
Inklusion	☐	☐	☐	☐	

Checkliste: Inhalte von Entwicklungsgesprächen

Zuwanderungsgeschichte	☐	☐	☐	☐	
Eingewöhnung	☐	☐	☐	☐	
Übergang in die Grundschule	☐	☐	☐	☐	
Essgewohnheiten	☐	☐	☐	☐	
Gesundheit	☐	☐	☐	☐	
Andere Ereignisse: ______	☐	☐	☐	☐	
Andere Ereignisse: ______	☐	☐	☐	☐	
Andere Ereignisse: ______	☐	☐	☐	☐	
Andere Ereignisse: ______	☐	☐	☐	☐	

Durchführung

Variante 1

1. Die Moderatorin stellt die Ziele und Aufgaben dieses Arbeitsschrittes vor.
2. Zunächst bittet die Moderatorin alle pädagogischen Fachkräfte in einem kurzen Statement darzustellen, wie sie die »kollegiale Beobachtung« und den »kollegialen Austausch« erlebt haben (Flashlight). Die Äußerungen sollten möglichst nicht kommentiert, sondern als persönlicher Eindruck akzeptiert werden.
3. Nach dem Flashlight leitet die Moderatorin die fachliche Diskussion mit der vorbereiteten Präsentation ein. Die Diskussion orientiert sich Schritt für Schritt an den Inhalten eines Entwicklungsgespräches. Folgende sieben Aspekte werden in jedem Fall diskutiert:

- Reflexion und Analyse der Bereiche (Kompetenzen der Kinder, Wohlbefinden der Kinder, Selbstbild und Entwicklung von Identität etc.),
- erarbeitete Förderbedarfe, die aus der Reflexion und Analyse resultieren,
- Einführung und Abschluss des Gespräches,
- für das Gespräch benutzte Materialien,
- Gesprächsführung,
- Kooperation der Eltern sowie
- Zielvereinbarungen.

Die Moderatorin präsentiert zu den jeweiligen Aspekten ihre Zusammenstellung und bittet die Kolleginnen und Kollegen, dazu Stellung zu nehmen, indem sie die einzelnen Aspekte unter folgenden Fragestellungen analysieren:

Reflexionsfragen

- Was hat mir in der Umsetzung gut gefallen?
- Was hat mir in der Umsetzung nicht gefallen?
- Welche Inhalte sind meiner Meinung nach unerlässlich?
- Welche Inhalte müssen nicht unbedingt Inhalt eines Entwicklungsgespräches sein?

4. Die Beiträge der Kolleginnen und Kollegen trägt die Protokollantin in das folgende Vier-Felder-Schema ein:

Vier-Felder-Schema

	Hat mir gut gefallen	Hat mir nicht gut gefallen
Unverzichtbare Inhalte	1 ______	2 ______
Verzichtbare Inhalte	3 ______	4 ______

5. Im folgenden Diskussionsprozess werden nun die sieben Aspekte (siehe Punkt 3 in dieser Durchführung) jeweils in das Vier-Felder-Schema eingetragen. Somit erhält das Team am Ende der Diskussion eine erste kurze Analyse der zu entwickelnden Aspekte für Entwicklungsgespräche.
6. Die vier Felder des Schemas haben unterschiedliche Bedeutungen, und die jeweiligen Inhalte werden so für den weiteren Entwicklungsprozess auch unterschiedlich bewertet:

Feld 1: »Unverzichtbare Inhalte – Hat mir gut gefallen«

Hier finden sich die Inhalte, die bereits in Entwicklungsgesprächen zur Anwendung kommen und nach Meinung der pädagogischen Fachkräfte gut umgesetzt sind. Dieser Bereich charakterisiert das »bereits Erreichte« – also Aussagen, die sich auf eine Qualitätssicherung beziehen. Es bleibt hier einzig und allein die Prüfung, ob die Inhalte der aktuellen Fachdiskussion angemessen sind und, wenn ja, diese in einem späteren Schritt in einen Einrichtungsstandard einfließen zu lassen. Sollten die Inhalte nicht den aktuellen Standards entsprechen, müssen sie wie die Inhalte des zweiten Feldes behandelt werden.

Feld 2: »Unverzichtbare Inhalte – Hat mir nicht gut gefallen«

In diesem Feld finden sich alle Aussagen zu Inhalten, die von den pädagogischen Fachkräften als unverzichtbar eingeordnet wurden, allerdings noch nicht optimal umgesetzt werden. Dieser Bereich charakterisiert das »noch zu Entwickelnde«. Alle Inhalte, die diesem Bereich zugeordnet worden sind, müssen noch methodisch entwickelt werden. Hier steht also konzeptionelle Arbeit an. Die Inhalte müssen ebenfalls auf fachliche Angemessenheit überprüft werden (Schritt 4 & 5).

Feld 3: »Verzichtbare Inhalte – Hat mir gut gefallen«

Einige Inhalte, die die pädagogischen Fachkräfte angesprochen haben, gehören nicht direkt zum Thema Entwicklungsgespräche, sondern haben ihren Platz an anderer Stelle. Diese Inhalte finden sich im dritten Feld der Tabelle. Es handelt sich dabei um verzichtbare Inhalte, die aber dennoch den Zuspruch der Fachkräfte bekommen. Zum Beispiel können das Inhalte zu organisatorischen Fragen zum Alltag des Kindes sein. Diese Inhalte sollten notiert und an den entsprechenden Stellen im Konzept festgehalten werden, jedoch nicht im Kontext von Entwicklungsgesprächen.

Feld 4: »Verzichtbare Inhalte – Hat mir nicht gut gefallen«

In vierten Feld befinden sich alle Inhalte, die für den weiteren Entwicklungsprozess keine weitere Bedeutung haben und vermutlich für eine gute pädagogische Praxis keine große Relevanz besitzen.

7. Die Moderatorin fasst das Ergebnis der Diskussion zusammen und weist dabei insbesondere auf die Ergebnisse in Feld 1 und Feld 2 hin, da die Einträge in Feld 2 im weiteren Prozess wichtige Elemente der Bearbeitung werden. Denn alle diese Aspekte müssen im Sinne der Prozess- oder Qualitätsverbesserung bearbeitet und optimiert werden. Hinzu kommen dann noch die Aspekte, die sich nun aus dem nächsten Schritt (Analyse der Fachliteratur) ergeben. Die Moderatorin benennt abschließend die Aufgaben, die mit dem nächsten Schritt verbunden sind.
8. Am Ende der Sitzung teilen alle pädagogischen Fachkräfte in einer kurzen Blitzlichtrunde mit, wie es ihnen bisher im Prozess ergangen ist. Zusätzlich bekommen alle Beteiligten fünf rote und fünf grüne Klebepunkte. Zunächst schreibt jede Fachkraft auf eine Moderationskarte ein kurzes Statement (max. zwei). Die Moderatorin sammelt diese Statements ein und liest sie vor. Anschließend hängt sie die Moderationskarten an das Flipchart; beim Hinausgehen bewerten die Fachkräfte, ob sie jeweils der Aussage auf der Karte zustimmen (grüner Punkt) oder ihr wider-

sprechen (roter Punkt). Die Moderatorin sammelt die bewerteten Karten wieder ein und stellt das Ergebnis zu Beginn der nächsten Teamsitzung kurz vor.

Variante 2

1. Die Moderatorin stellt die Ziele und Aufgaben dieses Arbeitsschrittes vor.
2. Zunächst bittet die Moderatorin alle Beteiligten um ein kurzes Statement, wie sie die Aufgabe, die Checkliste »Inhalte von Entwicklungsgesprächen« auszufüllen, empfunden haben. Sie sammelt gemeinsam mit den Kolleginnen und Kollegen die Erfahrungen, um eventuelle Irritationen erfassen und gegebenenfalls in einem Zweiergespräch klären zu können. Die inhaltliche Auseinandersetzung mit dem Thema erfolgt zu einem späteren Zeitpunkt der Teamsitzung.
3. Nach diesem Flashlight leitet die Moderatorin die fachliche Diskussion mit der vorbereiteten Präsentation ein. Die Diskussion wird dabei auf den zwei Ebenen geführt, die in der Checkliste angesprochen wurden: Zum einen geht es um die von der Fachkraft als wichtig benannten Inhalte und zum anderen um die von ihr beschriebenen Möglichkeiten zur Umsetzung von individuellen Fördermaßnahmen in die pädagogische Planung. Folgende fünf Fragen sind dabei auf jeden Fall zu diskutieren:

Reflexionsfragen

- Welche Bedeutung wurde der Reflexion und Analyse der Kompetenzen der Kinder beigemessen?
- Welche Auswirkung haben die erarbeiteten Förderbedarfe auf die pädagogische Planung und die pädagogischen Prozesse?
- Welche Einführung und welcher Abschluss sind für Gespräche vorstellbar und wie kann das Gespräch geführt werden?
- Welche Materialien können für das Entwicklungsgespräch verwendet werden?
- Können sich die pädagogischen Fachkräfte eine Kooperation mit Familien vorstellen, die in Zielvereinbarungen mündet?

Die Moderatorin präsentiert zu den jeweiligen Aspekten ihre Zusammenstellung und bittet die Kolleginnen und Kollegen, dazu Stellung zu nehmen, indem sie die einzelnen Aspekte unter den Fragestellungen auf der folgenden Seite analysieren.

Vier-Felder-Schema

	Kann ich umsetzen	Kann ich zunächst nicht umsetzen
Unverzichtbare Inhalte	1	2
Verzichtbare Inhalte	3	4

Reflexionsfragen

- Welche Inhalte sind meiner Meinung nach unverzichtbar?
- Welche Inhalte müssen nicht unbedingt Inhalt eines Entwicklungsgespräches sein?
- Kann ich mir vorstellen, diesen Aspekt umzusetzen?

4. Die Beiträge der Kolleginnen und Kollegen trägt die Protokollantin in das Vier-Felder-Schema auf Seite 70 ein.
5. Im folgenden Diskussionsprozess wird nun zu allen Themenbereichen der Checkliste „Inhalte von Entwicklungsgesprächen" (siehe Seite 66 f.) jeweils das Vier-Felder-Schema – unter Berücksichtigung der fünf Reflexionsfragen (siehe Punkt 3 in dieser Durchführung) – zur Auswertung genutzt. Somit erhält das Team am Ende der Diskussion eine erste kurze Analyse der zu entwickelnden Aspekte für Entwicklungsgespräche.
6. Die vier Felder des Schemas haben unterschiedliche Bedeutungen, und die Inhalte werden so für den weiteren Entwicklungsprozess auch unterschiedlich bewertet:

Feld 1: »Unverzichtbare Inhalte – Kann ich umsetzen«

Hier finden sich die Inhalte, über deren Wichtigkeit bereits im Team Einigung besteht; die Kolleginnen und Kollegen trauen sich zu, diese auch umzusetzen. Zwar sind diese Aspekte noch nicht umgesetzt, scheinen aber für die Einrichtung bedeutsam zu sein. Sie werden in einem späteren Schritt aufgegriffen – und zwar an dem Punkt, an dem die Skizze für das Konzept erstellt wird (siehe Seite 74).

Feld 2: »Unverzichtbare Inhalte – Kann ich zunächst nicht umsetzen«

In diesem Feld finden sich alle Aussagen zu Inhalten, die von den pädagogischen Fachkräften als unverzichtbar eingeordnet wurden, allerdings noch nicht ohne Weiteres umgesetzt werden können. Hier sind die Aspekte aufgeführt, in denen Fortbildungsbedarfe bestehen und die somit in die Qualitäts- sowie Organisations- und Personalentwicklung einfließen.

Alle Inhalte, die diesem Bereich zugeordnet worden sind, müssen noch methodisch entwickelt werden. Hier steht also konzeptionelle Arbeit an. Die Inhalte müssen ebenfalls auf fachliche Angemessenheit überprüft werden (Schritt 4 & 5).

Feld 3: »Verzichtbare Inhalte – Kann ich umsetzen«

Einige Inhalte, die die pädagogischen Fachkräfte den Entwicklungsgesprächen zuordnen, gehören nicht direkt zu diesem Themenbereich, sondern haben ihren Platz an anderer Stelle. Im dritten Feld des Schemas handelt sich um verzichtbare Inhalte, die die Fachkräfte sich zutrauen, umzusetzen.

Diese Inhalte sollten notiert und an den entsprechenden Stellen im Konzept festgehalten werden, jedoch nicht im Kontext von Entwicklungsgesprächen.

Feld 4: »Verzichtbare Inhalte – Kann ich zunächst nicht umsetzen«

Im vierten Feld befinden sich alle Inhalte, die für den Entwicklungsprozess keine weitere Bedeutung haben und vermutlich für eine gute pädagogische Praxis keine große Relevanz besitzen.

7. Die Moderatorin fasst das Ergebnis der Diskussion zusammen und weist dabei insbesondere auf die Ergebnisse in Feld 1 und Feld 2 hin, da diese Einträge für den weiteren Prozess wichtige Elemente der Bearbeitung darstellen. Denn alle diese Aspekte müssen im Sinne der Prozess- oder Qualitätsverbesserung bearbeitet und optimiert werden. Hinzu kommen dann noch die Aspekte, die sich nun aus dem nächsten Schritt (Analyse der Fachliteratur) ergeben. Die Moderatorin benennt abschließend die Aufgaben, die mit dem nächsten Schritt verbunden sind.
8. Am Ende der Sitzung teilen alle pädagogischen Fachkräfte in einer kurzen Blitzlichtrunde mit, wie es ihnen bisher im Prozess ergangen ist. Zusätzlich bekommen alle Beteiligten fünf rote

und fünf grüne Klebepunkte. Zunächst schreibt jede Fachkraft auf eine Moderationskarte ein kurzes Statement (max. zwei). Die Moderatorin sammelt diese Statements ein und liest sie vor. Dann hängt sie die Moderationskarten an das Flipchart; beim Hinausgehen bewerten die Fachkräfte, ob sie jeweils der Aussage auf der Karte zustimmen (grüner Punkt) oder ihr widersprechen (roter Punkt). Die Moderatorin sammelt die bewerteten Karten wieder ein und stellt das Ergebnis zu Beginn der nächsten Teamsitzung kurz vor.

4. Schritt: Aneignung von theoretischen Grundlagen

Ziele

1. Die pädagogischen Fachkräfte kennen den aktuellen Stand der Diskussion zum Thema Entwicklungsgespräche.
2. Die pädagogischen Fachkräfte kennen Methoden des Austausches über Inhalte.
3. Die pädagogischen Fachkräfte lernen voneinander.
4. Die Teams haben die notwendigen theoretischen Voraussetzungen zur Erarbeitung einer Skizze für eine Konzeption für Entwicklungsgespräche.

Methode

Teamsitzungen, Einzelarbeit und Kleingruppenarbeit, Referate

Teilnehmer

Alle pädagogischen Fachkräfte der Einrichtung

Dauer

1. Phase ca. 45 Minuten
2. Phase in ca. 2 Wochen 240–480 Minuten
3. Phase 90–120 Minuten

Vorbereitung

Die Moderatorin stellt den pädagogischen Fachkräften den Theorieteil dieses Buches (Modul 1) zur Verfügung, damit sie sich einen ersten Überblick über verschiedene Aspekte von Entwicklungsgesprächen machen können.

Durchführung

- **Phase 1**

1. Die Moderatorin stellt nun die Aufgaben für die 3. Phase vor. Nach Möglichkeit hat sie einige Quellen für die Literaturrecherche ausgemacht und kann sie den Fachkräften zur Verfügung stellen.
2. Das Team bespricht nun über das erste Literaturstudium zu den Entwicklungsgesprächen. Dabei werden die folgenden Themen intensiver behandelt:

- Bedeutung von Erziehungspartnerschaft und Entwicklungsgesprächen
- Ziele von Erziehungspartnerschaften
- Inhalte von Entwicklungsgesprächen
- Teilnehmer an Entwicklungsgesprächen
- Elemente des Entwicklungsgespräches
- Gesprächskompetenz in Entwicklungsgesprächen

3. Nach der ersten Diskussion übernimmt jede Fachkraft einen der sechs Bereiche – oder mehrere – und bereitet zu diesem Thema eine kleine Präsentation vor. Diese speist sich aus den Ausführungen dieses Buches, aber es sollte unbedingt noch weiterführende Literatur recherchiert werden.
4. Zum Abschluss der Teamsitzung werden das weitere Vorgehen und der Zeitplan besprochen. Dann beginnt für alle Fachkräfte die zweite Phase.

◆ **Phase 2**

Die pädagogischen Fachkräfte bearbeiten nun individuell ihre Fragestellung und bereiten ihr Referat für die nächste Teamsitzung vor.

◆ **Phase 3**

1. Die Moderatorin stellt das Ziel der Teamsitzung vor und bittet nun die erste Fachkraft, ihr Referat zu halten.
2. Die Fachkraft hält ihr vorbereitetes Referat. Der Vortrag sollte nicht länger als 15 Minuten dauern. Nach dem Referat können die Kolleginnen und Kollegen Verständnisfragen stellen.
   Im Anschluss daran wird noch keine intensive fachliche Auseinandersetzung geführt, da zunächst einmal alle pädagogischen Fachkräfte ihr Referat halten sollen.
3. Nacheinander halten alle Fachkräfte ihr Referat.
4. Nachdem alle Referate gehalten worden sind, schließt eine fachliche Diskussion unter folgenden Fragestellungen an:

Reflexionsfragen

- Welche der Inhalte haben wir schon umgesetzt bzw. als unverzichtbar benannt (siehe 3. Schritt)?
- Welche Inhalte, die über unsere Aufzeichnungen hinausgehen, ergeben sich aus der Beschäftigung mit der Theorie?
- Welche dieser Aspekte sind unverzichtbar für unser Konzept?
- Gibt es für unsere individuelle Situation weitere Aspekte, die auf jeden Fall mit ins Konzept gehören?

5. Die Protokollantin notiert alle wesentlichen Ergebnisse. Das Protokoll dient im weiteren Verlauf als Diskussionsbasis zur Erstellung der Konzeptionsskizze für Entwicklungsgespräche.

5. Schritt: Einigung auf Elemente für eine Konzeption

Ziele

1. Die Teams haben die Elemente erarbeitet, die in die Skizze der Konzeption eingearbeitet werden sollen.
2. Die Teams benennen Aspekte, die für die Arbeit mit Entwicklungsgesprächen in der Einrichtung für alle verbindlich sind.

Methode

Teamsitzung, Diskussion

Teilnehmer

Alle pädagogischen Fachkräfte der Einrichtung

Dauer

90–150 Minuten

Vorbereitung

Das Protokoll der letzten Teamsitzung wird rechtzeitig an die Fachkräfte ausgeteilt, sodass sie sich auf die Teamsitzung vorbereiten können.

Durchführung

1. Die Moderatorin stellt die Aufgaben und Ziele der Sitzung vor. Sie leitet die Diskussion und achtet darauf, dass das Ergebnis dieser Teambesprechung in eine Stichwortliste mündet, die dann als Grundlage für die Erarbeitung der Skizze des Konzepts dient.
2. Das Team diskutiert und einigt sich auf die Aspekte, die in die Skizze einfließen sollen.
3. Eine Kollegin bzw. ein Kollege erstellt die Brainstorming-Liste.
4. Zwei pädagogische Fachkräfte werden ausgewählt, die aus der Liste eine Skizze für die Erprobung von Entwicklungsgesprächen erarbeiten.

6. Schritt: Erarbeitung einer Konzeptskizze zu Entwicklungsgesprächen

Ziel
Eine Konzeptskizze zu den Entwicklungsgesprächen ist erstellt.

Methode
Schriftliche Fixierung

Teilnehmer
Die beiden ausgewählten Fachkräfte

Dauer
Ca. 2 Wochen

Vorbereitung
Keine besondere Vorbereitung nötig

Durchführung
1. Die beiden pädagogischen Fachkräfte vereinbaren einen ersten Termin.
2. Sie verteilen die Aufgabenbereiche und entwickeln kurze Texte, die sie miteinander abstimmen.
3. Am Ende ist ein gemeinsamer Text entstanden, der nicht mehr als fünf Seiten umfassen sollte und auf dessen Grundlage die Entwicklungsgespräche erprobt werden können.
4. Der Text wird nach Abschluss der Arbeiten an alle Kolleginnen und Kollegen verteilt. Sollten Einzelne mit bestimmten Teilen nicht einverstanden sein, diskutiert das Team nochmals darüber.

3.2 Entwicklungsphase

In dieser Phase des Entwicklungsprozesses wird die erarbeitete Skizze in die Praxis eingeführt und erprobt. Dieser Teil ist bewusst zyklisch aufgebaut, sodass er in einem fortlaufenden dynamischen Prozess die Qualitätsentwicklung und -sicherung ermöglicht. Am Ende der Phase steht ein in der Praxis dieser Einrichtung erprobtes Konzept für Entwicklungsgespräche.

1. Schritt: Auswahl der Kinder und Abstimmung mit den Eltern

Ziele
1. Die pädagogischen Fachkräfte kennen den Verlauf der Entwicklungsphase.
2. Die pädagogischen Fachkräfte haben Beobachtungsinhalte festgelegt, die für die Durchführung von Entwicklungsgesprächen relevant sind.
3. Das Team hat Inhalte und die Form der Dokumentation für Entwicklungsgespräche festgelegt.

Methode
Teamsitzung, Gesprächsrunde

Teilnehmer
Alle pädagogischen Fachkräfte der Einrichtung

Dauer
Ca. 90 Minuten

Vorbereitung
Bevor Sie mit der Teamsitzung beginnen, stellen Sie sicher, dass:
- alle Eltern über die wesentlichen Ziele der Entwicklungsphase und darüber, was von ihnen erwartet wird, informiert worden sind;

- die Einwilligungen der Eltern, sich an den Gesprächen zu beteiligen, vorliegen;
- alle pädagogischen Fachkräfte die Konzeptskizze zur Kenntnis genommen haben;
- aus jeder Kindergruppe der Einrichtung drei Kinder ausgewählt wurden, die an der Erprobung der Entwicklungsgespräche in dieser Phase teilnehmen sollen.

Dabei ist es wichtig, dass die pädagogischen Fachkräfte, die die Gespräche führen, auch die Auswahl der Kinder treffen. Gegebenenfalls sind Absprachen mit einer weiteren Kollegin bzw. einem Kollegen in der Gruppe zu treffen. In jedem Falle ist es ratsam, in der Erprobung Familien auszuwählen, die einer Zusammenarbeit gegenüber aufgeschlossen sind.

Durchführung

- **Phase 1**

1. Die Moderatorin informiert die pädagogischen Fachkräfte über den Verlauf und die Ziele der Entwicklungsphase. Schritt für Schritt soll das theoretische Modell nun in der Praxis erprobt werden.
2. Die pädagogischen Fachkräfte diskutieren, ob die in der Einrichtung gängige Beobachtungs- und Dokumentationsmethode den Anforderungen der Beobachtung und Dokumentation zur Durchführung von Entwicklungsgesprächen entspricht. Dabei ist zu prüfen, ob alle Inhalte der Entwicklungsgespräche durch die bisherige Methode der Beobachtung und Dokumentation ausreichend abgedeckt sind.

In der Diskussion können sich verschiedene Ergebnisse abzeichnen:

- Die vorliegenden Beobachtungs- und Dokumentationsmethoden sind für die Vorbereitung und Durchführung des Entwicklungsgespräches ausreichend.
- Die Beobachtungs- und Dokumentationsmethoden sind nicht ausreichend, um ein Entwicklungsgespräch vorzubereiten und durchzuführen.

Da sich die Inhalte für Entwicklungsgespräche aus dem Wissen über die Kinder (Beobachtung der Kinder, Fragebogen für die Kinder, Fragebogen für die Familien) generieren, muss die Einrichtung zunächst sicherstellen, dass die Quellen (Dokumentation der systematischen Beobachtungen) auch vorhanden und somit nutzbar sind. Da in unserem Fall keine Quellen vorliegen, muss das Team zunächst sicherstellen, dass ein »vorübergehendes Konzept« für Beobachtung und Dokumentation im Team erarbeitet wird. Dieses Konzept kann aber nur dazu dienen, kurzfristig handlungsfähig in der Entwicklung der Entwicklungsgespräche zu sein. Mittelfristig müssen Einrichtungen dafür sorgen, dass ein Konzept vorhanden ist, das eine systematische Beobachtung und deren Dokumentation sicherstellt. Ein ausgearbeitetes Konzept dazu findet sich in »Bildungsprozesse in Kindergarten und Kita« (Groot-Wilken 2007b).

In dem »vorübergehenden Konzept« müssten folgende Aufgaben geklärt sein:

- Was wird bei den ausgewählten Kindern beobachtet?
- Wie werden diese Beobachtungen dokumentiert?
- In welchen Zeitabständen und in welchen Zeitspannen beobachte ich die Kinder?
- Welche weiteren Informationen werden genutzt?
- Nach welchem Prinzip werden die Dokumentationen ausgewertet und für das Entwicklungsgespräch zusammengestellt?

3. Am Ende der Diskussion steht fest, wie das vorhandene Modell der Beobachtung und Dokumentation bzw. das vorübergehende Konzept in den bevorstehenden Schritt – die Beobachtung und Dokumentation der ausgewählten Kinder – integriert ist.

Für die Beobachtung gelten drei Regeln

- Ich beobachte das Kind jeden Tag.
- Ich beobachte das Kind bei unterschiedlichen Aktivitäten und Handlungen.
- Ich dokumentiere alles, was ich beobachtet habe, umgehend.

Checkliste: Ablaufplan für die Beobachtungsphase

Name des Kindes:

Name des Beobachters/der Beobachterin:

Beginn des Beobachtungszeitraums: **Ende des Beobachtungszeitraums:**

	Das Kind wurde von mir am (Datum)	...... Minuten beobachtet	Beobachtung dokumentiert am (Datum)	Den folgenden Aspekt habe ich beobachtet*:
1. Tag		...... Min.		
2. Tag		...... Min.		
3. Tag		...... Min.		
4. Tag		...... Min.		
5. Tag		...... Min.		
6. Tag		...... Min.		
7. Tag		...... Min.		
8. Tag		...... Min.		
9. Tag		...... Min.		
10. Tag		...... Min.		
11. Tag		...... Min.		
12. Tag		...... Min.		
13. Tag		...... Min.		
14. Tag		...... Min.		
15. Tag		...... Min.		
16. Tag		...... Min.		
17. Tag		...... Min.		
18. Tag		...... Min.		
19. Tag		...... Min.		
20. Tag		...... Min.		

* Die Bereiche der Beobachtung sollten zumindest die obligatorischen Themen der Entwicklungsgespräche abbilden.

4. Zur Festlegung des Ablaufs der Beobachtungsphase dient der Plan auf Seite 76.
5. Die Ergebnisse der Diskussion werden protokolliert und allen pädagogischen Fachkräften für den Erprobungsprozess zur Verfügung gestellt.

◆ **Phase 2**

1. Die pädagogischen Fachkräfte stellen dem Team die Kinder vor, die in der Entwicklungsphase von ihnen beobachtet werden, und benennen die Kriterien, aufgrund derer sie sie ausgewählt haben.
2. Die Beobachtung und deren Dokumentation, die Zwei-Parteien-Gespräche mit den Kindern und die anschließenden Entwicklungsgespräche mit den Familien werden in allen Kindergruppen parallel durchgeführt. Nach dem ersten Entwicklungsgespräch in jeder Kindergruppe reflektieren alle pädagogischen Fachkräfte den ersten Durchlauf gemeinsam, um mögliche Optimierungen zu besprechen.
3. Es wird ein Termin für die gemeinsame Reflexion der ersten Runde vereinbart. Bis zu diesem Termin ist in jeder Kindergruppe das erste Entwicklungsgespräch durchgeführt worden.

M 2. Schritt: Beobachtung der Kinder und Dokumentation der Beobachtung

Ziele

1. Die pädagogischen Fachkräfte haben das Kind intensiv unter verschiedenen Aspekten beobachtet und ausreichend Informationen für das Entwicklungsgespräch gesammelt, um sich mit den Familien über optimale Fördermöglichkeiten und Angebote auszutauschen.
2. Für das Kind liegt eine ausführliche Dokumentation der letzten vier Wochen vor, die von der pädagogischen Fachkraft als Grundlage für das Entwicklungsgespräch genutzt wird.

Methode

Systematische Beobachtung und Dokumentation

Teilnehmer

Jeweilige Fachkräfte der Gruppen

Dauer

Beobachtung: täglich über 4 Wochen

Vorbereitung

Die Moderatorin stellt den pädagogischen Fachkräften die nötigen (aktualisierten) Materialien für die Beobachtung zur Verfügung.

Durchführung

1. Die pädagogische Fachkraft beobachtet das Kind regelmäßig, zunächst über einen Zeitraum von zwei Wochen, und dokumentiert ihre Ergebnisse wie in der Einrichtung festgelegt bzw. in der vorangegangenen Teamsitzung verabredet.
2. Nach rund zwei Wochen führt die pädagogische Fachkraft das Zwei-Parteien-Gespräch mit dem Kind.
3. Die pädagogische Fachkraft beobachtet das Kind wieder regelmäßig für weitere zwei Wochen und dokumentiert ihre Ergebnisse.
4. Die pädagogische Fachkraft händigt den Eltern des Kindes in der letzten Beobachtungswoche persönlich den Fragebogen für das Entwicklungsgespräch (siehe Seite 79 ff.) aus. Sie erklärt ihnen den Umgang damit und stellt sicher, dass den Eltern ihre Aufgabe und die weitere Vorgehensweise bekannt sind. Die Checkliste sollte möglichst umgehend an die Einrichtung zurückgegeben werden, damit die Fachkraft die Informationen zur Vorbereitung nutzen kann. Die Eltern können sich eine Kopie davon machen und später zum Gespräch mitbringen. Auf Seite 78 finden Sie einen vorformulierten Brief an die Eltern zur Erläuterung des Verfahrens.

Infobrief an die Eltern

Liebe Eltern,

im Rahmen unserer regelmäßig stattfindenden Entwicklungsgespräche verteilen wir im Vorfeld einen kleinen Fragebogen. Wir möchten gerne bestmöglich vorbereitet in das Gespräch starten und bitten Sie, uns zu unterstützen, indem Sie den Fragebogen rechtzeitig ausgefüllt an uns zurückgeben.

Wir möchten mit Ihnen zusammen zum Wohl Ihres Kindes eine bestmögliche Förderung bereitstellen; dies ist aber nur gemeinsam möglich. Antworten Sie deshalb in diesem Fragebogen möglichst ehrlich und offen, denn nur so können wir zusammen mit Ihnen überlegen, welche Angebote sinnvoll sind. Sollte es Fragen geben, die Sie nicht beantworten wollen, dann lassen Sie diese einfach aus.

Wir versichern Ihnen, dass die von Ihnen gemachten Angaben nur zu internen Planungsprozessen ausschließlich von den pädagogischen Fachkräften dieser Einrichtung genutzt werden. Es findet keine Weitergabe Ihrer Angaben an den Träger oder sonstige externe Dritte statt. Die Unterlagen werden von uns in einem für Dritte nicht zugänglichen Schrank aufbewahrt.

Wir bedanken uns für Ihre Unterstützung und Ihr Vertrauen.

Checkliste: Elternfragebogen Entwicklungsgespräch

Elternfragebogen für das Entwicklungsgespräch am:

Name des Kindes:

Name der Familienmitglieder, die an dem Entwicklungsgespräch teilnehmen werden:

Von wem wird dieser Bogen ausgefüllt?

Erzählt Ihr Kind zu Hause von dem, was es in der Einrichtung erlebt? Wovon erzählt es am meisten?	
Was erzählt es über andere Kinder der Einrichtung?	
Was erzählt es über die pädagogischen Fachkräfte?	
Haben Sie den Eindruck, dass Ihr Kind gerne in die Einrichtung geht? Wenn nicht, was könnte der Grund dafür sein?	
Spricht Ihr Kind mit Ihnen über seine Wünsche und Bedürfnisse, was die Einrichtung angeht? Wenn ja, bitte benennen Sie diese.	
Gibt es etwas in der Einrichtung, was Ihr Kind wütend macht?	
Gibt es etwas, was es traurig macht?	

Checkliste: Elternfragebogen Entwicklungsgespräch

Gibt es etwas, was es ängstigt oder unsicher macht?	
Gibt es etwas, was es glücklich macht?	
Hat Ihr Kind Kontakt zu Gleich-altrigen?	
Was spielt Ihr Kind gerne mit anderen Kindern?	
Was spielt es gerne allein?	
Was spielt es gerne mit Ihnen?	
Zeigt Ihr Kind Interesse an: ◆ Sport und Bewegung, ◆ Malen und Basteln, ◆ Musik und Singen, ◆ Geschichten und Reimen, ◆ Bauen und Formen?	Bitte kurz erläutern:
Haben sich seine Interessen seit dem letzten Gespräch verändert? Wenn ja, welche?	
Gibt es sonstige Themen, an denen Ihr Kind besonders interessiert ist?	
Gibt es Themen, an denen Ihr Kind wenig Interesse zeigt?	

Checkliste: Elternfragebogen Entwicklungsgespräch

Wie würden Sie das Verhalten Ihres Kindes anderen gegenüber beschreiben?	
Was macht Ihr Kind, wenn es wütend ist?	
Was macht Ihr Kind, wenn es traurig ist?	
Was macht Ihr Kind, wenn es ängstlich ist?	
In welchen Situationen zeigt Ihr Kind die nebenstehenden Gefühle zu Hause häufig?	Wut: ____________ ____________ Trauer: ____________ ____________ Angst: ____________ ____________ Freude: ____________ ____________
Was macht Ihr Kind zu Hause am liebsten?	
Was macht es gar nicht gerne?	
Welche Themen sind Ihnen in unserem Entwicklungsgespräch besonders wichtig?	
Gibt es von Ihrer Seite aus noch wichtige Punkte, die in diesem Fragebogen nicht benannt sind?	

3. Schritt: Planung und Durchführung von Zwei-Parteien-Gesprächen mit Kindern (mit Reflexion im Team)

Ziel

Die pädagogischen Fachkräfte erfahren im Gespräch mit den Kindern deren Sichtweisen auf die Einrichtung, ihre Interessen, Wünsche, Bedürfnisse und Vorlieben.

Methode

Zwei-Parteien-Gespräch mit den Kindern

Teilnehmer

Die pädagogischen Fachkräfte der Gruppen

Dauer

Max. 20 Minuten

Vorbereitung

Die Moderatorin stellt den pädagogischen Fachkräften den Ablauf des 3. Schrittes der Orientierungsphase zur Verfügung.

Durchführung

1. Bereiten Sie nach einer zweiwöchigen Beobachtungsphase das Gespräch mit dem Kind vor. Dazu verabreden Sie mit ihm einen Termin für das Zwei-Parteien-Gespräch. Erklären Sie dem Kind, dass Sie das Gespräch führen möchten, damit Sie wissen, was ihm am Kindergarten gut gefällt, was nicht so gut und was es gerne einmal machen möchte. Sagen Sie dem Kind auch, dass Sie sich während des Gespräches Notizen machen und auch noch mit seinen Eltern sprechen werden. Sie sollten das Gespräch so ankündigen, dass sich das Kind darauf freuen kann.
2. Vor dem Gespräch werten Sie die Dokumente der Beobachtungsphase aus, denn sie dienen der Vorbereitung auf das Zwei-Parteien-Gespräch.
   Grundsätzlich werden alle Kompetenzbereiche des Kindes in dem Gespräch thematisiert. Sprechen Sie die Bereiche in kindgerechter und individuell angemessener Weise an. Die Begriffe kindgerecht und individuell beziehen sich hier auf den Aspekt der Verständlichkeit und des Einfühlungsvermögens. Nach Möglichkeit werden mit dem Kind die Themen angesprochen, die im kollegialen Gespräch und im Entwicklungsgespräch mit den Familien thematisiert werden. Denn Partizipation bedeutet auch, das Kind als kompetenten Partner für seine eigene Entwicklung zu betrachten. Die Fragebögen (siehe Seite 79 ff. & 83 ff.) sind hier bewusst analog gestaltet, sodass eine mehrperspektivische Sicht auf das Kind erleichtert und ermöglicht wird.
3. Das Gespräch sollte an einem ungestörten, dem Kind angenehmen Ort und in lockerer Atmosphäre stattfinden. Besonders bei ängstlichen oder unsicheren Kindern ist es wichtig, dass Sie einen Einstieg finden, der zugleich als »Eisbrecher« dient. Das Gespräch wird mit den Themen begonnen, bei denen Sie ein Interesse des Kindes beobachtet haben. Es spricht nichts dagegen, dass Sie auch erst einmal gemeinsam mit dem Kind durch die Einrichtung gehen und sich vor Ort etwas zeigen lassen. Sie sollten sich zwar vor dem Gespräch Gedanken und Notizen darüber machen, wie sie bestimmte Themen ansprechen wollen, aber nicht versuchen, ein vorgefertigtes Schema abzuarbeiten. Die Themen werden nicht einfach abgefragt, sondern die Kinder sollen frei, in Form eines narrativen Interviews erzählen können. Dazu ist das Stellen von offenen Fragen wichtig. Auf jeden Fall sollten Sie Suggestivfragen vermeiden (»Du spielst doch gerne mit Bauklötzen, oder?«), denn Kinder lassen sich dadurch leicht beeinflussen. Wenn es Ihnen gelingt, dass das Kind von sich aus erzählt, müssen Sie nur noch durch gezielte Fragestellung alle relevanten Themen ansprechen.
   Themen, die das Kind emotional stark berühren könnten oder sogar problematisch sind, sollten Sie behutsam ansprechen. Hier ist es wichtig,

dass Sie das Kind schnell wieder zu positiv besetzten Themen führen. Sollte ein Kind über bestimmte Themen gar nicht reden wollen, dann müssen Sie das akzeptieren. Machen Sie sich dazu eine Notiz, denn hier besteht in jedem Fall Klärungsbedarf.

4. Als Leitfaden und zur Dokumentation nutzen Sie den »Zwei-Parteien-Gesprächsbogen«. Die Fragen müssen nicht in der aufgeführten Reihenfolge gestellt werden. Sie sollten versuchen, ein lockeres, ungezwungenes Gespräch zu führen und darauf achten, dass von den Kindern die wichtigen Impulse kommen. Nehmen Sie sich Zeit, während des Gespräches Stichworte aufzuschreiben. Nach dem Gespräch sollten Sie sich Zeit nehmen, diese Notizen als kurzen Text zu formulieren.

Checkliste: Zwei-Parteien-Gesprächsbogen

Name des Kindes:

Beginn des Gespräches: **Ende des Gespräches:** **Dauer des Gespräches:**

Leitfragen	Antwort des Kindes
Hallo …, wie geht es dir heute?	
Was hast du denn heute schon alles gemacht?	
Was hältst du eigentlich von …?	
Was spielst du denn sonst noch gerne?	
Mit wem spielst du gerne?	

Checkliste: Zwei-Parteien-Gesprächsbogen

Was sind deine Lieblingsspiele? Womit spielst du am liebsten?	
Also, ich interessiere mich ja sehr für Käfer. Was interessiert dich denn am meisten?	
Würdest du das gerne mal im Kindergarten machen? Mit wem denn?	
Was von dem, was wir Erzieher/innen mit den Kindern machen, magst du besonders?	
Gibt es auch etwas, was du in der Kita gar nicht magst?	
Was sollten wir Erzieher/innen denn mal in der Kita machen?	
Machst du das manchmal zu Hause?	

Checkliste: Zwei-Parteien-Gesprächsbogen

Was isst du am liebsten? Und was magst du gar nicht essen?	
Wer ist dein bester Freund/deine beste Freundin in der Kita?	
Wenn du dir wünschen dürftest, dass sich an der Kita etwas verändert, was würdest du dann vorschlagen?	
Kommst du gerne in die Kita?	
Für Kinder, die bald in die Schule kommen Freust du dich auf die Schule? Worauf freust du dich am meisten?	
Gibt es auch etwas, worauf du dich nicht so sehr freust, was mit der Schule zu tun hat?	

4. Schritt: Zusammenstellung der Aufzeichnungen zu einzelnen Kindern

Ziele

1. Für die Entwicklungsgespräche gibt es eine relevante Auswahl an Themen.
2. Die pädagogischen Fachkräfte haben sich ein Bild über die Einschätzungen der Familien über die Kinder und der Kinder über sich selbst machen können.
3. Die pädagogischen Fachkräfte haben einen roten Faden für das Entwicklungsgespräch erarbeitet.
4. Sowohl die Familien als auch die Kinder werden mit ihren Positionen in die Entwicklungsgespräche aktiv einbezogen.

Methode

Vorbereitung und Planungsnotizen der pädagogischen Fachkraft bzw. der Fachkräfte, die gemeinsam ein Entwicklungsgespräch durchführen

Dauer

Ca. 120 bis 180 Minuten

Vorbereitung

Die pädagogische Fachkraft bzw. die Fachkräfte haben ihre Aufzeichnungen, gegebenenfalls die Aufzeichnungen der Kinder sowie den »Zwei-Parteien-Gesprächsbögen« (siehe Seite 83 ff.) und den »Elternfragebogen« (siehe Seite 79 ff.) ausgefüllt vorliegen.

Durchführung

1. Die pädagogische Fachkraft betrachtet zunächst ihre Dokumentationen über die Beobachtungen des Kindes und schreibt die wichtigsten Aspekte für das Entwicklungsgespräch in einer Tabelle heraus.
2. Danach befasst sie sich mit dem »Elternfragebogen« und schreibt wiederum die wichtigsten Aspekte der Familie heraus.
3. Zuletzt fasst die pädagogische Fachkraft die wichtigsten Aussagen des Kindes in einer Tabelle zusammen.
4. Nachdem alles Wichtige zusammengefasst ist, schaut sich die pädagogische Fachkraft die Aufzeichnungen im Hinblick auf Unterschiede und Gemeinsamkeiten an und arbeitet diese heraus.
5. Die pädagogische Fachkraft verfasst einen Leitfaden für das Entwicklungsgespräch, wobei sie auf die Gliederung in Reflexion, Analyse und Förderung achtet.
6. Zum Leitfaden notiert sich die pädagogische Fachkraft zusätzlich noch zentrale Entwicklungsziele, die sie persönlich für das Kind als wichtig erachtet.

5. Schritt: Planung und Durchführung des Entwicklungsgespräches (Zwei-Parteien-Gespräche mit Familien)

Ziele

1. Es findet ein Austausch zwischen den Familien und der Einrichtung über das Kind statt.
2. Zielvereinbarungen zu Förderungen werden abgeschlossen.
3. Themen zur individuellen Förderung des Kindes werden besprochen.
4. Die pädagogischen Fachkräfte sammeln erste Erfahrungen in der Führung eines Entwicklungsgespräches.

Methode

Zwei-Parteien-Gespräch

Dauer

Ca. 45 bis 90 Minuten

Vorbereitung

Die pädagogische Fachkraft hat den Raum vorbereitet (siehe Kapitel 1.2.5) und sorgt für eine angenehme Atmosphäre. Ihre Aufzeichnungen liegen bereit. Einen Tag vor dem Gespräch erinnert sie die Familien nochmals an den bevorstehenden Termin.

Durchführung

1. Gemeinsam mit den Familien sucht die pädagogische Fachkraft den Raum für das Gespräch auf.
2. Sie versucht, eine lockere und angenehme Atmosphäre zu schaffen, sodass das Entwicklungsgespräch ohne Druck stattfinden kann und alle Beteiligten sich wohlfühlen können.
3. Die pädagogische Fachkraft erläutert den Familien den Verlauf des Entwicklungsgespräches und die Zielperspektive. Anschließend fragt sie nach, ob es noch (Verständnis-)Fragen vonseiten der Familien gibt. Wenn ja, versucht sie die offenen Punkte soweit wie möglich zu klären.
4. Dann folgt das eigentliche Entwicklungsgespräch. Die pädagogische Fachkraft achtet vor allem darauf, dass das Gespräch in einer angenehmen und nicht wertenden Atmosphäre stattfinden kann.
5. Die pädagogische Fachkraft sorgt dafür, dass die Perspektiven der Familien einen angemessen Raum im Gespräch bekommen.
6. Am Ende des Gespräches vereinbart die pädagogische Fachkraft mit den Familien eine Zielvereinbarung. Nach dem Gespräch füllt die Fachkraft das Formular für die Zielvereinbarung (siehe Seite 88 f.) aus.
7. Zum Abschluss des Zwei-Parteien-Gespräches mit den Familien stellt die pädagogische Fachkraft die positiven Aspekte des Gespräches heraus und weist auf die guten Zielperspektiven zur individuellen Förderung des Kindes hin. Sollte ein Gespräch wider Erwarten einen negativen Verlauf nehmen, wird die Fachkraft am Ende auf jeden Fall noch einmal die kritischen Punkte benennen. Hier könnte es auch ratsam sein, ein klärendes Gespräch zu suchen, in dem dann nicht das Kind, sondern die Beziehung zwischen den pädagogischen Fachkräften und den Familien im Vordergrund steht. Möglicherweise ist die Einrichtungsleitung hinzuzuziehen.
8. Aber auch die Zufriedenheit der Familien mit dem Gesprächsverlauf und den überarbeiteten Zielen hat am Ende des Gespräches ihren Raum. Die pädagogische Fachkraft bittet die Familien, den Prozess aus ihrer Sicht kurz zusammenfassend zu schildern.

Checkliste: Zielvereinbarung

Zielvereinbarung zwischen Familien und pädagogischen Fachkräften zur individuellen Förderung des Kindes

Name des Kindes:	**Datum:**

Benennung des Ziels	**Prüfen Sie das Ziel mit der SMART-Formel**
	◆ Spezifisch
	◆ Messbar
	◆ Angemessen
	◆ Realistisch
	◆ Terminiert

Welche Kompetenzen des Kindes sollen gefördert werden?

Zu welchen Themen sollen dem Kind Aktivitäten angeboten werden?

Welche Interessen des Kindes sollen gestärkt und gefördert werden?

Checkliste: Zielvereinbarung

Gibt es Teilziele?

1. Teilziel

2. Teilziel

3. Teilziel

4. Teilziel

Sind weitere Personen an der Zielerreichung beteiligt? Wenn ja, welche?

Müssen zusätzliche Ressourcen aufgebracht werden? Wenn ja, welche?

Welche Aufgaben übernehmen die Familien dabei? Beschreiben Sie diese kurz.

Wann soll das Ziel erreicht sein?

Nächster Termin für das Entwicklungsgespräch:

Unterschrift/en Familie

Unterschrift pädagogische Fachkraft

6. Schritt: Nachbereitung des Gespräches

Ziele

1. Die pädagogische Fachkraft analysiert das Gespräch hinsichtlich Effektivität und Effizienz.
2. Sie erkennt relevante Aspekte für die pädagogische Planung.
3. Die pädagogische Fachkraft fügt die Gesprächsnotizen und die Zielvereinbarung in das Portfolio des Kindes ein.

Methode

Analyse des Gespräches in Einzelarbeit oder mit der Gruppenkollegin bzw. dem -kollegen

Dauer

Ca. 60 bis 90 Minuten

Vorbereitung

Keine besondere Vorbereitung nötig

Durchführung

1. Für die Auswertung des Gespräches nutzt die pädagogische Fachkraft sämtliche zur Verfügung stehenden Informationen aus dem Gespräch bzw. die für das Gespräch eingeholten Informationen; die Zusammenfassung kann in Form eines Protokolls oder in Stichworten erfolgen.
2. Die pädagogische Fachkraft analysiert das Gespräch unter den folgenden Fragestellungen und macht sich dazu Notizen:

Leitfragen

- Bin ich mit dem Gesprächsverlauf zufrieden?
- Bin ich mit meiner Umsetzung des Gespräches zufrieden? An welchen Stellen könnte ich meine Gesprächsführung noch verbessern und wo war meine Gesprächsführung so gut, dass sie gesichert werden sollte?
- Wie habe ich mich selbst während des Gespräches (z.B. Gesprächstechnik, Verhalten, Erwartungen, Blockaden …) wahrgenommen?
- Wie waren meine Gefühle vor, während und nach dem Gespräch (z.B. motiviert, ausgelaugt, erleichtert, verunsichert …)?
- Wie habe ich die Familien als Gesprächspartner wahrgenommen (Verhalten, Widerstände, »Eisbrecher« …)?
- Wie zufrieden bin ich mit dem Gesprächsanteil der Familien? An welchen Stellen hätte ich mir gewünscht, dass die Familien sich stärker einbringen?
- Bin ich mit der Reflexion über das Kind zufrieden?
- Wurden das Verhalten des Kindes und dessen Motivation angemessen analysiert?
- Sind die besprochenen Ziele für mich als pädagogische Fachkraft ausreichend? Welche Ziele hätte ich anders formuliert bzw. welche Ziele hätte ich darüber hinaus festgehalten?
- Wie habe ich die Interaktion wahrgenommen (Beziehungsebene, Aspekt der Partnerschaft, Gesprächsverlauf, Unsicherheiten …)?

3. Die vorliegenden Dokumente inklusive der Zielvereinbarung und die Notizen der pädagogischen Fachkraft werden in einem Ordner, der mit dem Namen des Kindes beschriftet ist, archiviert. Wenn Einrichtungen mit Portfolios arbeiten, werden die Unterlagen dem Entwicklungsportfolio beigelegt.
4. Die Notizen der pädagogischen Fachkraft dienen als Vorbereitung für die nächste Teamsitzung.
5. Das Zielvereinbarungsformular wird nun von der pädagogischen Fachkraft ausgefüllt und den Familien in den nächsten Tagen zur Kenntnisnahme und Unterschrift vorgelegt. Den Familien wird eine Kopie der Zielvereinbarung überreicht.

7. Schritt: Reflexion im Team

Ziel

Das Team optimiert die Entwicklungsgespräche in der Einrichtung.

Methode

Teamsitzung, Diskussion

Dauer

90 bis 120 Minuten

Vorbereitung

Die pädagogischen Fachkräfte bringen ihre Notizen mit zur Teamsitzung.

Durchführung

1. Die Moderatorin stellt die Ziele und Aufgaben der Sitzung vor.
2. Sie bittet nun jede Fachkraft in einer ersten Blitzlichtrunde zu beschreiben, wie es ihr mit dem Entwicklungsgespräch ergangen ist. Insbesondere sollten die pädagogischen Fachkräfte zu den folgenden drei Fragen kurz Stellung beziehen:
   - Was ist mir besonders gut gelungen?
   - Was ist mir noch nicht so gut gelungen?
   - An welchen Stellen habe ich mich unsicher gefühlt?

   Während die Kolleginnen und Kollegen berichten, notieren die anderen Team-Mitglieder auf Moderationskarten (z. B. blau, grün und rot) kurz den jeweils wichtigsten Aspekt zu diesen drei Fragen.
   Die Karten werden dann an der Moderationswand gesammelt. Die gewünschten Schwerpunkte für die anschließende Diskussion werden benannt.
3. In der Diskussion sollten zum Ende hin Veränderungswünsche für den zweiten Durchgang entwickelt werden. Aber auch Aspekte, die schon zur vollsten Zufriedenheit umgesetzt worden sind, werden festgehalten.
4. Am Ende der Diskussion steht ein Zwei-Spalten-Protokoll; in der linken Spalte befinden sich die bereits positiv umgesetzten Aspekte, in der rechten Spalte die noch veränderbaren und verbesserbaren Punkte. Das Zwei-Spalten-Protokoll wird in den nächsten beiden Runden jeweils neu angefertigt, und die Veränderungen werden dokumentiert.

Zweiter und dritter Durchgang von Entwicklungsgesprächen

In den Teams und Gruppen werden nun die Schritte eins bis sieben analog zum ersten Kind für die weiteren beiden Kinder durchgeführt.

3.3 Umsetzungs- und Reflexionsphase

In dieser letzten Phase der Erarbeitung von Entwicklungsgesprächen wird das an drei Beispielen erprobte Konzept analysiert und reflektiert. Am Ende dieses Implementationsprozesses ist das Konzept in die pädagogischen Handlungen und Abläufe integriert.

1. Schritt: Reflexion der Praxisphase und Auswahl der Aspekte für das Konzept zu Entwicklungsgesprächen

Ziele

1. Die pädagogischen Fachkräfte reflektieren das Projekt und prüfen die durchgeführten Entwicklungsgespräche und vereinbarten Ziele auf deren Relevanz hinsichtlich der Bildungs- und Erziehungsziele, insbesondere auf den Fördergehalt für die einzelnen Kinder.
2. Die pädagogischen Fachkräfte erkennen Schwachstellen in der Planung und im Projektverlauf.

Methode
Gesprächsrunde

Teilnehmer
Alle pädagogischen Fachkräfte der Einrichtung

Dauer
150 bis 180 Minuten

Vorbereitung
Alle Unterlagen zu den Entwicklungsgesprächen werden bereitgehalten.

Durchführung
1. Die pädagogischen Fachkräfte diskutieren über den Verlauf des Projektes unter folgenden Fragestellungen:

Reflexionsfragen

- Wie war der gesamte Projektverlauf?
- Was ist besonders gut gelungen? Was weniger?
- Gab es Entwicklungsgespräche, die ausfallen mussten? Woran lag das?
- Ließen sich einzelne Aspekte in den Gesprächen nicht umsetzen? Warum nicht?
- Haben Sie Ihre individuellen Ziele in den Gesprächen erreicht?
- Haben Sie Erfahrungen in der Gesprächsführung sammeln können?
- Wie haben die Familien die Gespräche angenommen?
- Welche Erfahrungen haben Sie mit den Zwei-Parteien-Gesprächen mit den Kindern gemacht?

2. Das Ergebnis der Diskussion wird festgehalten. Für die Familien wird ein kurzes Protokoll über den Verlauf des Projektes angefertigt.
3. Entscheiden Sie nun in einer abschließenden Diskussion, anhand der Konzeptskizze aus der Orientierungsphase, welche Inhalte in das Konzept übernommen werden. Diese Auswahl dient nun als Grundlage für die Verschriftlichung der Konzeption.

2. Schritt: Reflexion des Arbeitsprozesses

Ziele
1. Durch die Reflexion des Arbeitsprozesses lassen sich die einzelnen Schritte retrospektiv betrachten, somit können gelungene und weniger gelungene Arbeitsschritte bestimmt werden.
2. Die Praxistauglichkeit der Methoden und Verfahren wird durch die Reflexion bewertet.

Methode
Gesprächsrunde, Einzelarbeit

Teilnehmer
Alle pädagogischen Fachkräfte

Dauer
90 bis 120 Minuten

Vorbereitung
Keine besondere Vorbereitung nötig

Durchführung

- **Phase 1: Reflexion und Verabschiedung eines Konzeptes für Entwicklungsgespräche**

1. Die Moderatorin stellt die Ziele und Aufgaben vor. Sie fasst den Prozess aus ihrer Sicht zusammen. Eine Diskussion über den Prozess der Entwicklung des Konzeptes schließt sich an.
   Die Erfahrungen aus der systematischen Entwicklung und die Erfahrungen aus der Durchführung der drei Entwicklungsgespräche pro Gruppe werden miteinander verglichen. So ist es möglich herauszufinden, ob sich Fehler und

Probleme des ersten Durchganges wiederholt haben oder vermieden werden konnten.

2. Die pädagogischen Fachkräfte besprechen mithilfe ihrer Aufzeichnungen den Verlauf des Prozesses. Aus den Ergebnissen über den Verlauf der Entwicklung und den Aufzeichnungen wird ein Konzept für Entwicklungsgespräche in Anlehnung an die Skizze entwickelt.
3. Am Ende der Sitzung teilt jede Fachkraft mit, wie zufrieden sie mit dem Ergebnis, also mit dem Konzept, ist.

◆ **Phase 2: Niederschrift des Konzeptes und Verabschiedung**

1. Zwei pädagogische Fachkräfte halten das Konzept schriftlich fest.
2. Der Entwurf des Konzeptes wird im Team abgestimmt. Sollten Einwände bestehen, müssen sie in einer zusätzlichen Teamsitzung noch einmal thematisiert und eine Lösung gefunden werden.

3. Schritt: Ergebnissicherung und Erfolgskontrolle

Ziele

1. In der Einrichtung gibt es einen verlässlichen Standard »Entwicklungsgespräche«
2. Der Träger, die Fachberatung, die Eltern und alle pädagogischen Fachkräfte kennen den Standard und wissen, welche Aufgaben damit verbunden sind.
3. Neu eingestellte Fachkräfte können sich anhand des Standards einen schnellen Einblick in die Durchführung von Entwicklungsgesprächen verschaffen.

Methode

Gesprächsrunde in Kleingruppe

Teilnehmer

Einrichtungsleitung, Trägervertretung, Fachberatung, ein bis zwei Vertreter der pädagogischen Fachkräfte

Dauer

180 bis 240 Minuten

Vorbereitung

Einladung aller Beteiligten.

Die Moderatorin bereitet sich auf diesen Termin vor, damit sie den Beteiligten erklären kann, was unter einem Standard zu verstehen und wozu ein Standard notwendig ist.

Durchführung

◆ **Phase 1: Gesprächsrunde im Arbeitskreis »Standardentwicklung«**

1. Die Moderatorin stellt kurz die bisher geleisteten Entwicklungsarbeiten vor und berichtet von den Erfahrungen aus der Praxis. Sie erklärt nun die Notwendigkeit der Ergebnissicherung in Form der Standardentwicklung, sodass dieser Prozess für alle Beteiligten nachvollziehbar ist.
2. Die Arbeitsgruppe diskutiert gemeinsam über die Formulierung des Standards und beauftragt Mitglieder der Gruppe, das Diskussionsergebnis umzusetzen.

◆ **Phase 2: Formulierung des Standards**

Die beauftragten Mitglieder der Standardentwicklungsgruppe formulieren einen Standard für Entwicklungsgespräche.

◆ **Phase 3: Abschließende Beratung**

Abschließend findet eine Beratung in der Standardentwicklungsgruppe statt. In dieser Sitzung wird der Standard verabschiedet. Die Einrichtung wie der Träger haben somit einen verlässlichen Standard für die Kita erarbeitet, der diese nun charakterisiert und Verlässlichkeit gegenüber den Eltern signalisiert.

Fazit

Mit der Erarbeitung des systematischen Zugangs zu Entwicklungsgesprächen ist ein wertvolles Ziel erreicht: Die Einrichtung ist nun in der Lage, auf fachlicher Basis gemeinsam mit den Familien Entwicklungsgespräche zu führen und im Sinne der Bildungsvereinbarungen adäquate Bildungs- und Erziehungsprozesse zu optimieren. Auf dem Weg hatten die Teams zum Teil auch hohe Klippen zu überwinden und schwierige Situationen zu meistern. Aber dieser Preis ist angemessen, betrachtet man im Ergebnis den Mehrgewinn dieses Projektes auch im Hinblick auf:

Personalentwicklung

- Pädagogische Fachkräfte und Teams haben neue Arbeitstechniken und -methoden kennengelernt.
- Qualifizierungsbedarfe wurden aufgedeckt und erfüllt.

Qualitätsentwicklung

- Die intensive thematische Auseinandersetzung ermöglicht eine klare fachliche Positionierung.
- Ein klares Konzept bedeutet Transparenz, Verlässlichkeit und Struktur auch gegenüber Dritten.

Organisationsentwicklung

- Die Dienstleistung »Bildungs- und Erziehungsprozess« wird durch professionell geführte Entwicklungsgespräche optimiert.
- Die Professionalität der Einrichtung wird optimiert.

Diese Entwicklungen sind wichtig und wünschenswert. Bei der Arbeit mithilfe des Leitfadens haben Teams nun einige Methoden kennengelernt, die sie in ihrer weiteren pädagogischen Arbeit nutzen können und in die Lage versetzen, diese Entwicklung weiter fortzuführen. Für die Bereiche Beobachten, Dokumentieren und Planen sei an dieser Stelle das Buch »Bildungsprozesse in Kindergarten und Kita« (Groot-Wilken 2007b) empfohlen, in dem Teams eine grundlegende systematische Zugangsmöglichkeit zur Verbesserung der Qualität ihrer pädagogischen Arbeit finden. Die beiden Bücher sind aufeinander abgestimmt und somit inhaltlich und strukturell kompatibel.

Zu diesem Leitfaden gibt es ein umfassendes Fortbildungskonzept, in dem ein externer Moderator bzw. eine externe Moderatorin Teams bei ihrem Entwicklungsprozess begleitet. Die Art der Begleitung wird individuell auf die Einrichtungen abgestimmt und unterstützt den Entwicklungsprozess in hohem Maße. Bei Interesse wenden Sie sich bitte an den Verlag.

Literatur

Barth, Siegfried (2002): Dialog auf gleicher Augenhöhe. Professionelle Elterngespräche. Verfügbar unter: www.kindergarten-heute.de/online_beitraege/kiga_heute_online-beitrag.html?onlstnr=131&einzelbeitrag=473004 (Zugriff am 24.07.2016).

Bildungspläne der Bundesländer unter: www.bildungsserver.de/zeigen.html?seite=4239 (Zugriff am 24.07.2016).

Bostelmann, Antje (2007): Das Portfolio-Konzept für Kita und Kindergarten. Mülheim: Verlag an der Ruhr.

Braukhane, Katja & Knobeloch, Janina (2011): Das Berliner Eingewöhnungsmodell – Theoretische Grundlagen und praktische Umsetzung. Verfügbar unter: www.kita-fachtexte.de/uploads/media/KiTaFT_Braukhane_Knobeloch_2011.pdf (Zugriff am 24.07.2016).

Fthenakis, Wassilios E. u.a. (2008): Natur-Wissen-schaffen. Band 6. Portfolios im Elementarbereich. Köln: Bildungsverlag EINS.

Grace, Cathy & Shores, Elizabeth F. (2005): Das Portfolio-Buch für Kindergarten und Grundschule. Mülheim: Verlag an der Ruhr.

Griebel, Wilfried & Niesel, Renate (2004): Transitionen. Beiträge zur Bildungsqualität. Weinheim, Basel: Beltz.

Groot-Wilken, Bernd (2006): Frühe Kindheit und Transitionsprozesse. Von der Tageseinrichtung in die Grundschule. klein & groß, Heft 4, S. 7–11.

Groot-Wilken, Bernd (2007a): Mit Portfolios arbeiten. kindergarten heute, 4, S. 14–19.

Groot-Wilken, Bernd (2007b): Bildungsprozesse in Kindergarten und Kita planen und dokumentieren. Freiburg: Herder.

Groot-Wilken, Bernd (2008): Portfolio leicht gemacht. Berlin: Cornelsen.

Hüskes, Angelika & Leenen, Doro (2013): Portfolioarbeit mit Kindern von 1–6 Jahren. Kempten: BVK.

Krok, Göran & Lindewald, Maria (2007): Portfolios im Kindergarten. Das schwedische Modell. Mülheim: Verlag an der Ruhr.

Laewen, Hans-Joachim & Andres, Beate (Hrsg.) (2007): Forscher, Künstler, Konstrukteure. Werkstattbuch zum Bildungsauftrag von Kindertageseinrichtungen. Berlin, Düsseldorf, Mannheim: Cornelsen.

Laewen, Hans-Joachim; Andres, Beate & Hédervári, Éva (2006): Ohne Eltern geht es nicht. Die Eingewöhnung von Kindern in Krippen und Tagespflegestellen. Weinheim, Basel: Beltz.

Ostermayer, Edith (2006): Bildung durch Beziehung. Wie Erzieherinnen den Entwicklungs- und Lernprozess von Kindern fördern. Freiburg: Herder.

Reisch, Renate (2005): Elterngespräche kompetent und professionell führen. Für LehrerInnen, KindergärtnerInnen und HorterzieherInnen. Wien: Öbv & Hpt.

Textor, Martin R. (2005): Elternarbeit im Kindergarten. Ziele, Formen, Methoden. Norderstedt: Books on Demand.

Textor, Martin R. (2006): Erziehungs- und Bildungspartnerschaft mit Eltern. Gemeinsam Verantwortung übernehmen. Freiburg: Herder.

Textor, Martin R.: Der konstruktivistische Ansatz. Verfügbar unter: http://www.kindergartenpaedagogik.de/145.html (Zugriff am 24.07.2016).

Tietze, Wolfgang; Viernickel, Susanne; Dittrich, Irene; Gödert, Stefanie; Grenner, Katja; Groot-Wilken, Bernd & Sommerfeld, Verena (2002): Pädagogische Qualität in Tageseinrichtungen für Kinder. Ein Nationaler Kriterienkatalog. Berlin: Beltz.

Tietze, Wolfgang; Dittrich, Irene; Grenner, Katja; Groot-Wilken, Bernd; Sommerfeld, Verena & Viernickel, Susanne (2004): Pädagogische Qualität entwickeln. Berlin: Beltz.

Viernickel, Susanne (2009): Offensive Bildung. Beobachtung und Erziehungspartnerschaft. Berlin: Cornelsen.

Winner, Anna (2015): Das Münchener Eingewöhnungsmodell – Theorie und Praxis der Gestaltung des Übergangs von der Familie in die Kindertagesstätten. Verfügbar unter: www.kita-fachtexte.de/uploads/medie/KiTaFT_winner_2015.pdf (Zugriff am 24.07.2016).